朝日新書
Asahi Shinsho 813

60代から心と体がラクになる生き方

老いの不安を消し去るヒント

和田秀樹

朝日新聞出版

はじめに

健康、お金、相続、認知症……。

みなさんは老いに対してさまざまな不安を抱えているかもしれません。

しかし、そうした不安は多くの場合、単なる思い込みや、高齢者をろくに見ていないマスコミや学者の垂れ流した情報に起因しています。

言い換えれば、老いの不安のほとんどは〝幻想〟に過ぎません。

私の人生において最も幸運だったと思うことに、期せずして高齢者専門の精神科医というキャリアを選んだということがあります。

かつて、日本で三つしかなかった高齢者のための医療・福祉施設の一つ、「浴風会」

で積んだ臨床経験によって、いわゆる〝大学医学部の教授〟が知り得ないことを肌で感じてきました。

高齢者の場合、血圧や血糖値を下げ過ぎると活力がなくなること。

85歳を過ぎて脳にアルツハイマー型の変化が起きていない人は、ほとんど存在しないこと。

認知症が進行すると多くの人が多幸的になること。

高齢になるほど心と体の結びつきが強くなって、どちらかの具合が悪くなるともう一方の具合も悪くなること。

本書では、そんな高齢者の実像と、心と体をラクにして生きていくための秘訣を紹介していきます。

長年にわたって高齢者を見てきた経験は、私の人生観にも大きな影響を与えました。

端的に言えば、いくら社会で成功したところで、定年後10年もしないうちに「ただの人」になります。

つまり、ある年齢を過ぎたら、仕事に邁進するよりも、自分で楽しいと感じられる時間を多く持てることのほうが、老後の幸せにつながるのです。

この気づきは、60歳になった私の人生観のベースになりました。おそらく高齢者専門の精神科医という仕事を選んでいなければ、70代、下手をすると80代にならないと気づかなかったことかもしれません。

臨床経験に乏しく、医学部教授という肩書を得ただけの人の言葉を信じるか、5000人以上の高齢者を見てきた（それ以外にも20余年、元気な高齢者ウォッチャーを続けてきた）人の言葉を信じるかは読者の自由です。

私を信じる方は読み進めていただき、本書で紹介する「老いの不安を消すヒント」によって、毎日を幸せに送ることができれば、著者として幸甚この上ありません。

60代から心と体がラクになる生き方

老いの不安を消し去るヒント

目次

第2章　老いを知る、受け入れる

第3章　高齢者が生きづらい日本社会

第4章 心をラクにして生きる方法

本文写真／朝日新聞社提供
図表作成／谷口正孝

プロローグ

「人は人、自分は自分」の幸せがかなう高齢期の素晴らしさ

老後はつらいものという幻想。心をラクにして生きたいあなたへ

老後に不安を抱いている人は世の中にたくさんいます。

２０１６年、厚生労働省が「あなたにとって、老後に不安が感じられるものは何ですか？」と40歳以上の男女に聞いた統計調査があります。

それによると、最も多かったのは「健康上の問題」（73・6％）、次いで「経済上の問題」（60・9％）、その次に「生きがいの問題」（23・1％）、「住まい・生活上の問題」（17・6％）、「家族や地域とのつながりの問題」（10・8％）ということでした〈18〜19ページの図表①参照〉。

この調査を見る限り、老後になってもさまざまな不安や悩みがありすぎて、できれば老後なんて迎えたくないと考える人も多いかもしれません。あるいは「むなしさ」の感情に打ちひしがれてしまう人がいるかもしれません。

そのような老後を悲観しているみなさんに、私はぜひとも言いたいことがあります。

それは、「老後こそ世間体を気にせず、自由に楽しく過ごすことができる、人生で最も素晴らしい時期なのだ」ということです。

不安に思うことは実際にはほとんど起きない

私たちの感情（心）が最も大きく反応し、物事の判断や行動に大きな影響を与えるのは、「心地よい」か「気持ちいい」というような「正の感情」ではありません。それとはまったく逆の「負の感情」、つまり不安です。

不安にも意味はあります。私たちは未知なるものに出会ったときに、負の感情が生み出されて、その未知なるものに脳も身体も全力で対応しようとします。見方を変えれば、不安はいざというときに命を守ってくれる「センサー」とも言えるでしょう。

しかしながら、本当に必要のないときに不安ばかり感じていたらどうなってしまうでしょうか。そうです、不安で疲れ切ってしまうのです。不安が続くと、それによって心のバランスが崩れたり、体調を壊したりしてしまいます。

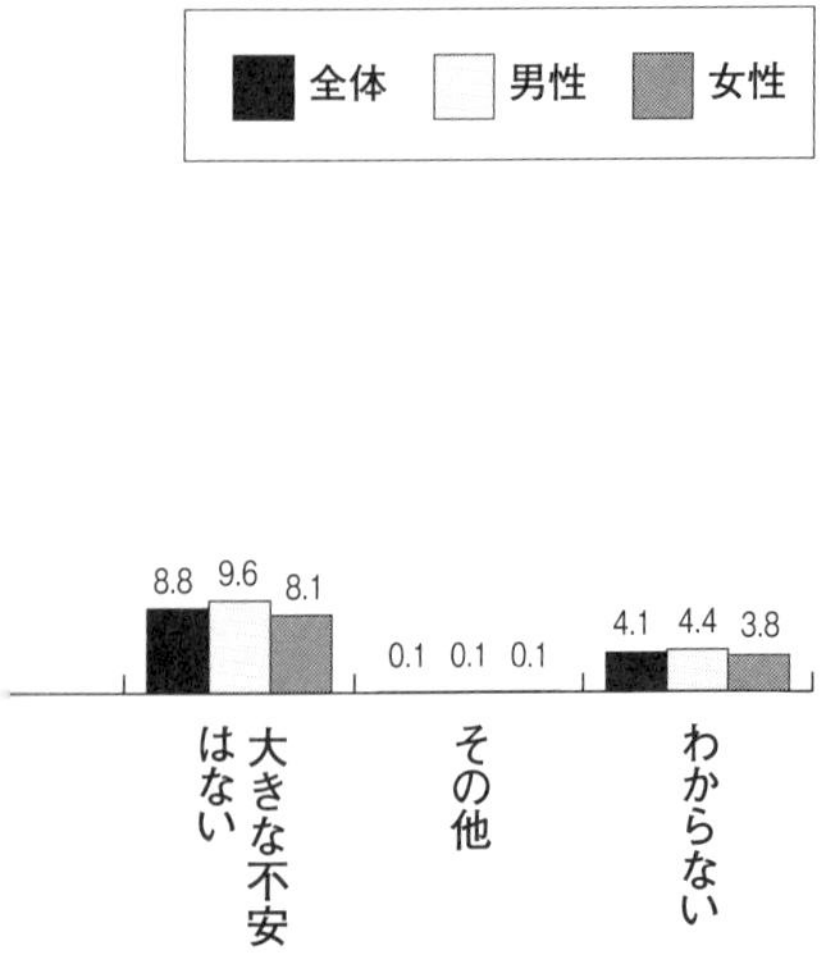

私たち人間は日常生活のなかで、未知なるものに対して不安を感じることが少なくありません。同じように「老い」も未知なるものです。老年になったら、自分の体はどうなってしまうのか、どのような気分が訪れるのか、そのときにきちんと働くことができるのか、生活を維持できるだけの収入があるか、貯金は万全か……など、多くの未知が待っています。

① 老後に不安なこと

あなたにとって、老後に不安が感じられるものは何ですか？（3つまで回答）

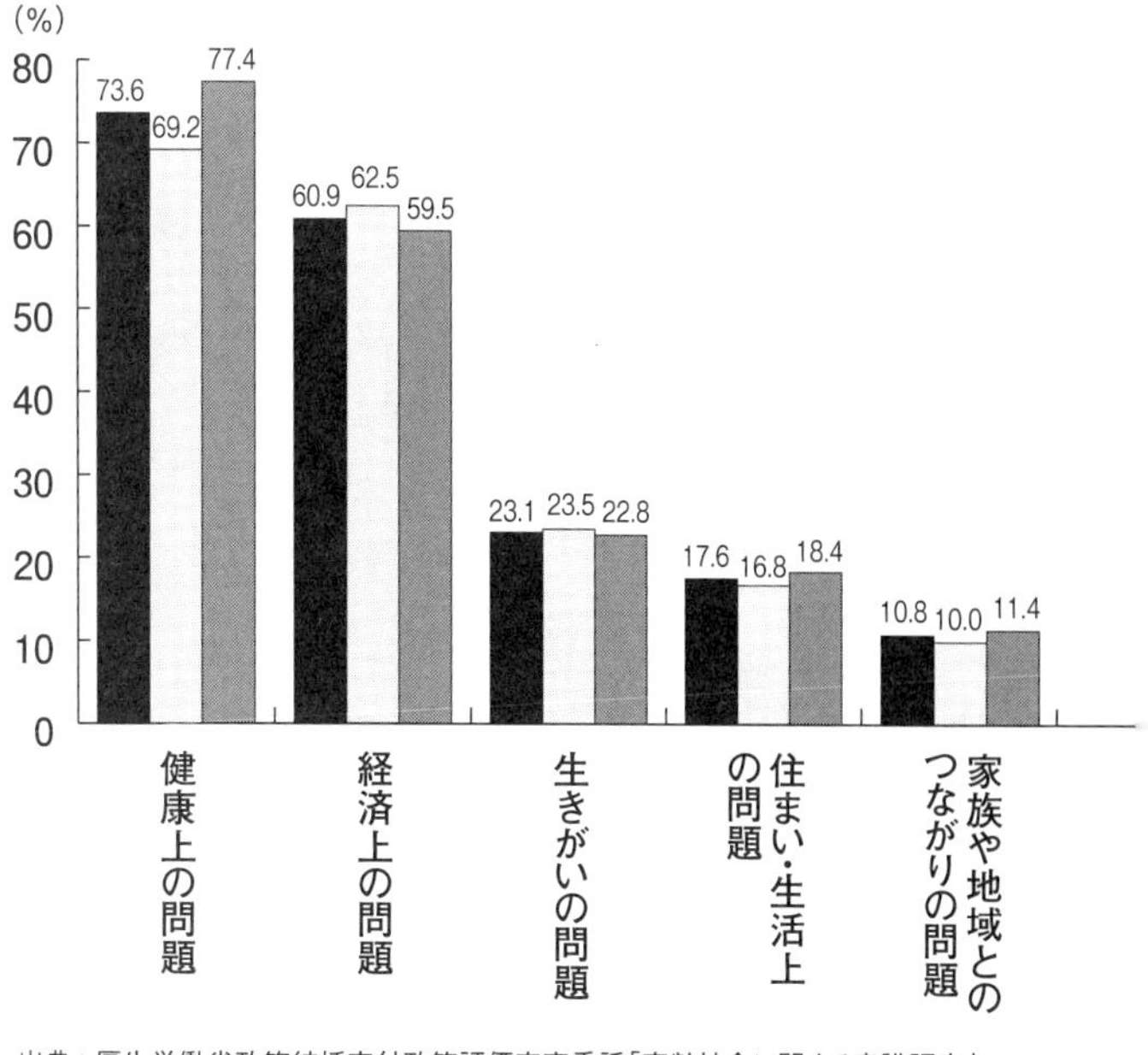

出典：厚生労働省政策統括官付政策評価官室委託「高齢社会に関する意識調査」（2016）

会社員として現役で働いている人たちが年金生活になれば、収入だけでなく、生活が大きく変化します。まさに脅威と言っていいかもしれません。そうすると当然、負の感情が生み出され、誰もが不安になります。

60歳以上を対象としたアンケート調査によれば、約8割が老後に対して大きな不安を抱えているといいます。

なかでも悩みの種になるのが、やはり身体とお金の問題でしょう。また、定年になったら、毎日忙しくしていた仕事もなくなりますから、何をして生きていけばいいのか考えることも不安の原因になります。

しかし、人間が脳で感じる不安は確実に起きる未来を予測して、呼び起こされているわけではありません。起きる「かもしれない」問題を煽って、人間に何らかの対処法を取らせるのが不安という感情の目的です。

言い換えれば、不安は将来起きるかもしれないという「幻想」です。不安なことは現実には起きない可能性のほうが高いのです。

私はこれまで、老年精神医学を専門にしてきました。高齢者向けの医療現場で何千人という高齢者を見てきて思ったのは、昔の地位や肩書にこだわっていたり、世の中の手あかにまみれた判断基準を重視していたり、老後はこうであらねばならないと考えていたりする人ほど、老後を幸せに生きていないということです。むしろ、そうした地位や肩書、世間の基準にこだわっている人ほど、不幸で暗い老後を送っている場合が多いのです。

「生きがい」にしばられては、仕事から解放された意味がない

たとえば、老後の生きがいという問題を見てみましょう。

いざ定年になって自由になった後に自分は一体、何をすればいいのか、どうやって生きていけばいいのか……。これまで会社員として、あるいは組織人として一生懸命働いてきた人こそ抱えやすい悩みかもしれません。やることがなく途方に暮れるのではないかと、不安になってしまうのでしょう。

でも、ちょっと考えてみてください。不安があるからといって、いつまでも会社の地

位や肩書といったものにしがみつくことが、幸せな老後につながるでしょうか?

「私は地位や肩書などにはこだわりがない」

そう言う人のなかにも、定年後はそば打ちや茶道でもやったほうがいいのかとか、ボランティア活動で人生をまっとうしたほうがいいのかと迷う人がいます。

しかし、いかに見栄えがいいか、他人に話して自慢ができるか、という視点で選ばれたものは、定年後の生きがいにはなり得ません。早晩、やり続けられなくなるのは、目に見えているからです。

高尚な趣味をやり続けられなくなるのは、モチベーションの問題だけではなく、肉体的な問題もあります。

一般的に、50歳以降になると脳のいろいろな部分の老化が進みます。これによって最も影響を受けるのが、記憶や学習、行動などをつかさどる大脳辺縁系と前頭葉です。そのため、何をやるにも集中力と意欲が衰えがちになります。

つまり、よほど自分の好奇心をかきたてられるような「本当にやりたいこと」以外は、続けられなくなってしまいます。

多くの人が定年になって、家にこもってしまうのは、他人から強制された生きがいや、自分の承認欲求を満たしたいがために選んだ趣味にとらわれていることが原因です。自分が心の底からは望んでいない物事に取り組んだとしても、真の充実感を得られず、「むなしさ」「無力感」に襲われてしまうでしょう。

また、若い頃は肉体的に余裕があり、上司に気に入られたいがためにはじめた趣味なども続けられたかもしれません。しかし、体力面で衰える老後は、そういった無理は通用しません。

だからこそ、私は思うのですが、老後こそ、世間の尺度にとらわれず自分が本当にやりたいことをやるべきなのです。それが集中力や意欲を持続させ、楽しく幸せな老後を送るきっかけになります。

やりたいことは、「高尚な趣味」でなくていいのです。ラーメンの食べ歩きでもいいですし、鉄道オタクでもいい。アイドルの追っかけでもいいと思います。

無理につくった「生きがい」に本人がしばられてしまうようでは本末転倒です。それでは仕事から解放された意味がありません。

重要なのは本人が楽しいかどうかだけ。自分の本当に好きなものに取り組むことが、幸せな老後を迎えるための秘訣なのです。

人と比較するのをやめれば満ち足りた幸せが訪れる

なぜこんなことを言うのかというと、日本は昔から、現役時代は肩書や社会的地位が重要なのに対して、自己評価が低く、自己愛が満たされていない人が非常に多い国だからです。

たとえば、私はたまに医師の集まりに参加することがあります。すると、高齢になっても、まったく自己愛が満たされていない人たちをたくさん見かけます。もう70歳を過ぎているというのに、いつまでたっても現役当時の肩書から離れられずに、偉そうに振る舞ってしまう。しかし、肩書や地位は組織にいる間しか通用しません。

彼らは定年を迎えて社会的な地位がなくなった今でも、そういった肩書から卒業できていないのです。

なぜ肩書を重要視するのかといえば、このような人たちは現実の社会では誰にも相手にされないため、昔の権威に頼らざるを得ないからです。そして、いくら年齢を重ねても、彼らは自己愛が満たされないのだと痛感させられます。

私は37歳で病院の常勤職員を辞めて以降、自分の人生を「面白いか、面白くないか」という判断基準で生きてきたので、そういった地位や肩書から早々に離れることができました。人と比較する必要もなくなり、自己愛も自然に満たされていったように感じます。

社会的な地位や権威は年を取ってからは不要です。むしろ積極的に捨てるべきでしょう。結局、最後に残るのは、その人が変わることなく持ち続ける「こうなりたい」とか「こういう風に生きたい」という願望なのです。それがあれば、誰でも、いつからでも、人生を幸せにすることができます。

しんどい社会から距離を置く極上の自由

今の日本の社会がとても窮屈だと感じている人は多いと思います。それが昨今のコロナ禍によって、さらに生きづらい社会になってしまった感じがします。

それにもかかわらず、窮屈な社会に積極的に関与する必要があるのか、この本を読んでいるみなさんに問いたいのです。社会から距離を置くのは、若い世代だとなかなか難しいことも多いのですが、年を取った世代はそれをごく自然な形で実現することができます。

別に会社や組織を退いたからといって、社会から抹殺されたり、生命が絶たれるわけではありません。さまざまな手当をいただいて、感謝されて退くわけですから、自分の幸せのために世俗と距離を置いていいと思います。こう言うと、社会に頼り切っている人たちは不安で仕方がないと思うだろうことも確かです。

そこで、この本では不安を抱くことなく、世俗と適度な距離感でつき合い、老後をラクに生きる方法を紹介したいと思います。

第1章では、これから老後を迎える人たちが抱える「不安」の正体を明かしていきます。冒頭でも紹介しましたが、多くの人が、健康やお金、認知症など、老後に対してさまざまな不安をもっています。しかし、そういった不安の多くが、実際には起こらないであろう「幻想」です。

私が考える不安との向き合い方を説明します。

第2章では、老いることによる身体や脳、ホルモンの変化について紹介します。年を取るにつれて、「物事に対する意欲が減った」「体力がなくなった」「ものを覚えられなくなった」など、さまざまな変化に直面するはずです。みなさんが恐れる認知症もそうした老化現象の一つです。不安に思うよりも、ボケることのメリットを知り、今できることに目を向けることで、心と体をラクにして生きていけます。

第3章では、高齢者が生きづらいと感じてしまう日本社会の病理について説明します。超高齢社会を迎えていながら、日本の政治家、マスコミ、世間は、ほとんど高齢者の実態を理解していません。そうした無理解が、格差社会や、高齢者に対する差別を生み出しています。日本社会の病を知り、世俗と適度な距離を取ることで、私たちはさらに幸せを感じることができます。

第4章では、私の経験を交えながら、実際に「心をラクにして生きる」「世間体を気にせずに生きる」とはどういうことなのか説明します。定年を迎えた老後こそ、世間の価値観や社会的な地位から離れる絶好のチャンスです。あなたらしい、自由な老後ライフに向かって歩んでください。

では、さっそく第1章から見ていきましょう。

第1章　「老いの不安」とのつき合い方

ボケを受け入れることが幸福な老後への第一歩

老後に対する不安に、認知症になったらどうしようかというものがあります。アルツハイマー型認知症については第2章でも詳しく説明しますが、簡単に言うと、老化によって脳内の神経細胞が死滅し、脳の働きが悪くなる症状のことです。老化による症状なので、程度の差こそあれ、誰もがなる可能性があります。

それにもかかわらず、認知症になってしまうことを極度に恐れ、なかには「家族に迷惑をかけてしまっては生きていても楽しくない」と考える人もいます。

しかし、85歳ぐらいになれば、半数近くの人がアルツハイマー型認知症になります。さらに厳密に脳を解剖してみると、85歳を過ぎたほぼ全員にアルツハイマー型認知症の所見が発覚します。つまり、高齢になれば誰もがボケを避けられません。長生きするとは、ボケを受け入れて生きるということが大前提になるのです。

ところが、老いに漠然とした不安をもっている人は、できなくなったことや衰えてしまった身体機能ばかりに焦点を当てて、今できることやこれから成長しそうなことを無視してしまいます。

こうなると、老いはますます進行し、身体も衰え、結果として、自分の不安が現実化してしまうことになるのです。

実際に認知症の治療に携わっている医師のほとんどが実感していることですが、今できることにフォーカスして何かをあきらめずに取り組んでいる人や、やってみたいことは誰かの手を借りてでも挑戦する人は、老いの進行が遅くなることがわかっています。

つまり、「ボケたぐらいで落ち込んでいられるか」とか「できることはまだまだあるのだから頑張るぞ」というマインドが大切なのです。

認知症は大半が多幸的になる

アルツハイマー型認知症の症状で最初に具体的に表れるのが、記憶力の低下です。客観的に考えれば、記憶が失われるのは悲惨で、不幸なことのような気がしてしまいます。

しかし、認知症になっている当人にしてみれば、不幸なことばかりではありません。嫌な記憶をすべて忘れてしまい、幸せそうな笑顔を浮かべたり、穏やかに過ごしていたりするケースが少なくないのです。

これまでたくさんの認知症の高齢者を見てきて、「こうやってボケるのはいいな」とか、「幸せそうな人たちだな」と思うことがよくありました。

幸せそうだなと感じたのは、認知症を患っている当人だけではありません。家族も同じです。リラックスした表情でまるで子どもをあやすように話しかけたり、一緒にゆったりした時間を過ごしたりする人たちを何人も見てきました。そういう様子を見るにつけて、認知症になってもいいから長生きしたほうが幸せな人生だと、つくづく思わされます。

認知症は神様がくれる最後のプレゼント

認知症が進んでくると、昔の記憶がなくなっていくと言われています。では、どんな記憶が残るのかというと、つらかったことや楽しかったことなどさまざまな喜怒哀楽のなかで、一番強く揺り動かされた感情です。実際、感情に強く結びついた体験は、記憶のなかでも一番奥底にあるとされています。

では、楽しかったことだけでなく、つらかったことがいつまでも残り続けているかというと、そうでもありません。認知症はつらい記憶を、自分の都合のいいように書き換えてしまう力があるのです。

たとえば、若い頃に夫の浮気に悩まされていた女性がいるとします。しかし、その女性が認知症になると、そのつらい記憶は消え失せて、夫の笑顔ややさしさだけが記憶として残ることが珍しくありません。

私が老年科の医師を務める「川崎 幸《さいわい》クリニック」の院長・杉山孝博先生は、この現象を「自己有利の法則」と呼んでいます。認知症の人に共通して見られる傾向の一つで、杉山先生はそれが「自己保存の本能」から生まれてくると考えています。誰もが自分の人生を肯定する本能が備わっており、その本能によって、つらい記憶は幸せな記憶に書き換えられるのではないかというものです。

こう考えると認知症は、人々のそれまでの人生を幸せなものに塗り替えてしまう素晴らしい側面もあるということがわかると思います。事実がどんなにつらいものであったとしても、本人が自分の人生は幸せだった、楽しかったと思い出すことができるのであれば、認知症は神様がくれる最後の贈りものなのかもしれません。

こういった認知症の側面を見ると、自分の親が認知症になったときでも対処の方法が変わってくるでしょう。本人の記憶を事実と違うと指摘したり、あのときはこうだったんだと間違いを訂正したりするのはあまり意味がないことだと気づくと思います。

その人のなかに生きている物語をそのまま受け入れることで、本人はもちろんのこと、家族も楽になります。

老いること＝才能と考えれば、うつ病のリスクも減る

赤瀬川原平さんの『老人力』は、それまでマイナスイメージで捉えられていた老いを、一気にプラスに変えた名著として知られています。

高齢になると細かい物事を忘れやすく、つまらないことを気にしないようになるのですが、これを才能として捉え直すことで、もっと楽に生きられるのではないかと私も思っています。

繰り返しになりますが、高齢になれば、多かれ少なかれ誰もが認知症になります。どうせ避けられないのであれば、認知症になることのイメージもプラスに変えたほうが、不安におびえることなく、幸せに生きることにつながるはずです。また、認知症をはじめ、さまざまな不安が原因で心の病になるケースも少なくありません。そうした心の病を予防するためにも、前向きな生き方をすることが重要になります。

認知症は脳の病気で、その症状も十人十色です。よく子ども時代に戻ると言われるのですが、あまりそういうことは起こりません。むしろ、その人の最もいい時代に戻ると言ったほうが近いと思います。

そのようになれば、過去の嫌な思い出にとらわれることもありませんし、毎日の決まり切った約束ごとなども忘れてしまいます。もちろん、世間体だってどうでもよくなります。

そういうわずらわしいものから解き放たれることで、楽しい思い出に浸って、のんびりと過ごすことができるのです。認知症になることで、そういう幸せな時間を取り戻すことができるのであれば、認知症は私たちの人生の最後に用意されているご褒美として受け止めることができるはずです。

余談ですが、吉永小百合さん主演で、私が医療監修をした『北の桜守』という映画があります。吉永さん演じる主人公の江蓮《えづれ》てつは、戦中から戦後にかけて過酷な人生を生き抜きますが、重度の認知症に陥ってしまいます。

満月の夜、満開の桜の下でてつは、出征したまま帰らなかった夫の姿に見える息子を迎えます。「お帰りなさい」というてつを、堺雅人さん演じる息子の修二郎が「ただいま」と笑顔で包み込むラストシーンが印象的です。さらには、自分が船の事故で殺してしまったと罪悪感を抱いていた修二郎の兄まで戻ってきます。認知症になったことで、てつは長年苦しめられたトラウマから解放されることになったのです。自分にとって嫌なことや都合の悪いことはすべて忘れられるというメッセージが隠されていると感じました。

きんさんぎんさんに見る老いのプライド

プライドの高い人は、自分が老いることに対して非常に恐れを抱きやすいと感じます。自分が次第に衰えていき、何もできなくなっていく姿を周囲の人に見せたくない、迷惑をかけたくないと考えるのでしょう。

実際、老年になれば、人の助けを借りながら生活をする必要が出てきます。お風呂に入ったり、買い物をしたりといった日常生活を家族が介助できなくなった際は、デイサービスを利用するケースもあるかもしれません。

そういった際に、同じ会社に定年まで勤めて出世した人ほど、プライドが邪魔をしてしまいます。私は○○会社の部長まで昇進した人間だというプライドを捨て切ることができないのです。

こういう人は、いざ認知症になったときにも、自分自身でその症状を認めることができません。他人に自分が衰えていく姿を見せるのを、極端に嫌がるからです。そのため、真の自分を受け入れられず、他人に頼ることができないのです。

しかし、本当にみっともないのは、人の手を借りることではなく、つまらなそうに毎日を生きている姿です。端からは、何の楽しみもなく、ただただしょぼくれているだけにしか見えません。

本当の老いのプライドというのは、そうではないはずです。いくつになってもハツラツさを失わず、楽しそうに生きる姿のなかにあると思います。そういう高齢者が周囲にいれば、自然と明るい気持ちになれるものです。

世の中に朗らかな笑いを提供していたきんさんぎんさんも、認知症が進んでいたことは間違いないでしょう。しかし、何の物怖じもせずに大笑いして、多くの人を幸せな気持ちにしていました。

楽しそうで、周囲に幸せをもたらす老人になるというのが、本当のプライドではないでしょうか。

お年寄りの笑い声が周囲を明るくする。桜が咲く特別養護老人ホームの庭で、手の体操（2006年＝佐賀市久保泉町の桂寿苑）

高齢になってこその新しい恋愛

男性は何歳になっても、女性に魅力的に思われたいと考える生き物です。実際、銀座のクラブに行くと、70歳代の男性が一生懸命若い女性を口説いている場面を目にします。

しかし、老いは、そういう人たちから、女性と性行為をする楽しみを奪うことがあります。実は、60歳以上の約半数が、勃起障害（ＥＤ）を抱えていると言われています。男性のなかには、性行為ができなくなると男として生きている価値がなくなってしまうと考える人も少なくないでしょう。

以前、「紀州のドン・ファン」という異名で知られ、若くて美しい女性をはべらせている人がいました。彼は十数億円を所有する資産家であり、55歳年下の女性と結婚をした「成功者」としてマスコミを賑わせていました。ともすれば、彼のようになりたいと思っている男性もいるかもしれません。

しかし、その生活実態を伝え聞くと、ただ若くて美しい女性であるというだけで、趣味も話題もまったく噛み合わず、ほとんど別々の部屋で暮らしていたということのようです。

老年になって性行為が難しくなり、性欲も衰えてくると、自然と異性に対する見方も変わるものです。

今まで外見ばかり重視していた考え方が変わり、より内面を重視した女性の新たな見方ができるかもしれません。

老後は、性欲に惑わされない、ピュアな恋愛観を持てる機会が自然と訪れる時期とも言えるのです。

お金の不安は「差」を気にするから生まれる

金融庁が2019年に発表した「老後資金2000万円問題」以降、老後資金に不安を抱える人が急激に増えてきました。その一方で、お金さえあれば老後は安泰だという短絡的な思考をする人も急増しています。

こうしたお金に対する不安についても少し考えてみる必要があると思います。

人間の脳は、自分への報酬よりも他人への報酬に強い感情を示すことが、数々の研究や論文によって明らかになっています。これは人間が個人で行動するよりも、社会の慣習などに従っているほうが安全と考えることが原因だと言われています。

また、人間は、「参照点」と現在との差に反応する生き物だということも、ノーベル経済学賞を受賞したダニエル・カーネマンらの行動経済学の心理実験で明らかになっています。これは、報酬にかかわるお金の面で如実に出てきます。

たとえば、現役時代に数千万円の年収があった人がいるとしましょう。この人が定年後、年金で暮らすようになった場合、一般的な水準と比べていくら高い年金をもらっていたとしても、自分で稼いでいた収入には遠く及びません。現役時代にもらっていた収入と、定年後に国からもらう年金の差がどうしても気になってしまうわけですから、定年後の収入には絶対に満足することができなくなります。そして、現役時代に頑張っていた人であればあるほど、「こんなに落ちぶれたのか」という現実に大きなショックを受けてしまいます。このように参照点を自分の絶頂期に置く限り、老後は恐怖でしかありません。また、お金持ちであればあるほど、幸せな老後を送りにくいということも示しています。

しかしながら、普通の生活水準以上の年金収入が現在あるのであれば、そのことに満足すべきではないでしょうか。他人や現役時代との収入の差を気にしていては、何のメリットもありません。老後というせっかくの至福の期間が楽しめなくなってしまいます。過去との差に意識を集中するのではなく、自分のやりたいことや好きなことに意識を集中するようにしてください。そうすれば、老いのお金の不安は徐々に消えていくはずです。

「老後2000万円」は本当に必要なのか？

ところで、金融庁の報告書による「老後2000万円問題」の計算根拠はきわめて単純です。

夫65歳、妻60歳の時点で、夫婦ともに無職である
30年後（夫95歳、妻90歳）まで夫婦ともに健在である
その間の家計収支がずっと毎月5・5万円の赤字である

これをもとに次のように計算すると老後30年間で約2000万円不足するというわけです。

毎月5・5万円×12カ月×30年＝1980万円

しかし、このデータが高齢者の生活の実情を反映したものかと言われると疑問が残ります。総務省の毎月の家計調査〈次ページの図表②〉を見ると、消費支出の約3割を占める食費も、60代に比べて80代や90代では必然的に少なくなっていくと考えられますし、一般に保険の掛け金なども年齢が上がるにつれて、少なくなっていきます。ほかにも、生活に必要な経費は次第に少なくなっていくはずです。

② 高齢夫婦無職世帯の家計収支（家計調査）

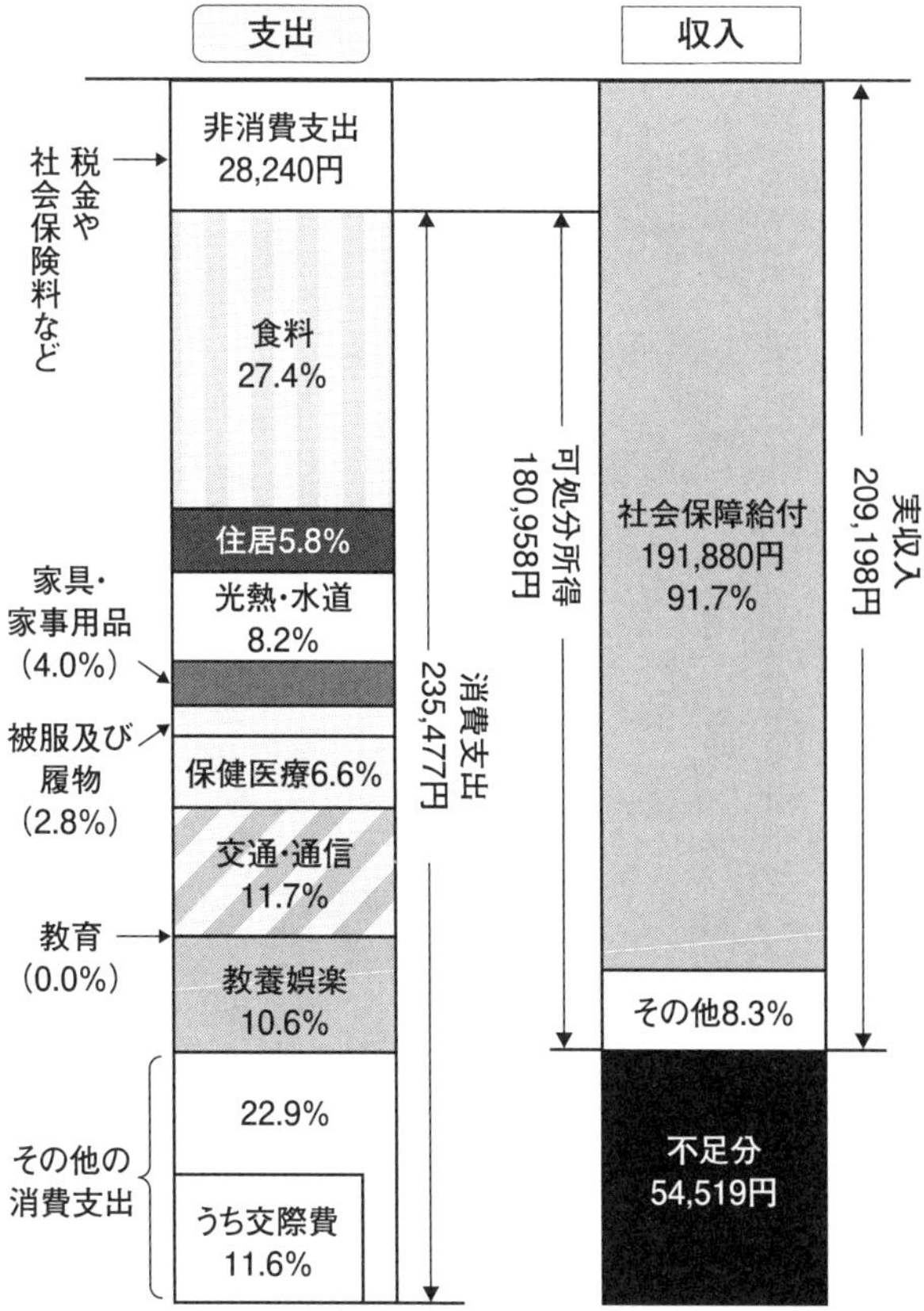

（注）

1 高齢夫婦無職世帯とは，夫65歳以上，妻60歳以上の夫婦のみの無職世帯である。

2 図中の「社会保障給付」及び「その他」の割合（%）は，実収入に占める割合である。

3 図中の「食料」から「その他の消費支出」までの割合（%）は，消費支出に占める割合である。

出典：総務省「家計調査」（2017年）

このように消費支出の項目は、高齢者のライフスタイルについてしっかり考慮されたものではありません。つまり、生活の仕方によっては、赤字にならずにやりくりすることができますし、場合によってはお金が余るということも考えられるのです。

もっと言えば、国がこういった統計データを発信し、それに人々が惑わされること自体、私はくだらないことだと思います。国がやるべきなのは、国民の老後の不安を煽るのではなく、堂々と生活保護を受けられる仕組みをつくることです。後ほど詳しく紹介しますが、私は、政府がお金をもっている人からお金を取って社会に還元したほうが、景気はよくなると考えています。

2000万円問題で老後の不安を訴える人が多くいますが、私は日本で野垂れ死にすることはあり得ないと思っています。

というのも、実際に寝たきりになると、お金がなくても年金で特別養護老人ホームに入る資格が得られるからです。まだ絶対数が不足していますが、特別擁護老人ホームは、有料老人ホームよりも待遇がいい例も少なくありません。金のない老後はみじめというニュースがさも当たり前のように喧伝されていますが、ひとたび要介護状態になればほとんどお金はかからないのです。

本当にお金に困ったら、生活保護に頼ればいい

私が日本はまだまだ封建的だと思うのは、税金に対する意識が近代国家の考え方からかけ離れている点です。税金というのは基本的に、払ったら元を取るというのが民主主義国家、近代国家の考え方です。私たちは国の財政を立て直すために税金を払っているわけではありません。

たとえば、警察に治安を守ってもらう、あるいは国防を担ってもらうといった公共サービスを提供してもらうために、私たちは税金を払っているのです。自分が食べられなくなった時や病気した時に助けてもらう、あるいは、経済的に余裕がないから教育費を援助してもらうというように、払った税金から元を取るというのが欧米の人の基本的な発想です。

しかし、日本の場合は、税金を払っているにもかかわらず、社会から守ってもらうの

は恥だと思っている人が非常に多いのです。

実際、生活保護の受給をめぐって、たびたび社会的な議論が起きます。生活保護を受けている人をバッシングしたり、「働いている人よりも収入が多いのはおかしい」と文句を言う人を見たりすると、税金の感覚が欧米とは違うことを痛感します。

これまで払ってきた税金を働けなくなったから返してもらっているという発想だったら、生活保護の受給金額が最低賃金で働いている労働者よりも高いからといって、文句を言われる筋合いはありません。にもかかわらず、生活保護を受けている人たちをバッシングしている人は、「お前たちは国に食べさせてもらっているのだから、最低限の生活をすべきだ」と考えているのです。

でも、よく考えてみてください。生活保護の水準を上げれば上げるほど、将来に備えるための貯金をする必要がなくなります。そうすると、貯金しているお金は消費に回されることになり、結果として日本の経済が好転する可能性があるのです。

払ってきた税金を
胸をはって取りもどそう

生活保護の制度や受給額についても、多くの人が誤解をしています。

「働いているのに生活保護受給者のほうがお金を多くもらっているのはおかしい」

このように生活保護受給者を非難する人がいますが、大きな勘違いです。なぜなら生活保護は、国が定める基準から計算された「最低生活費」（生活に必要な各種加算額の合計額）と「世帯の収入」を比べて、不足する金額を保護費として支給する制度だからです。利用していない資産（もし、あれば）を処分しても生活に困窮し、頼る人もいない場合、そして、働いているのに生活保護レベルよりも収入が少ない人は、申請すれば誰でも、生活保護水準まではその差額を支給してもらえるのです。

もう少し、生活保護について説明しましょう。

生活保護受給者は国民健康保険の適用外になる一方で、申請すれば公費負担医療制度に切り替わり、全国にある指定医療機関での医療費が全額公費でまかなわれます。そうすると、医療費が実質無料になります。
ほかにも、生活に関する次のような補助を受けることができます。

○生活扶助＝食べるもの、着るもの、光熱費、上下水道代、その他、日常の暮らしにかかる費用
○教育扶助＝給食費や教材費など義務教育を受けるのに必要な費用
○住宅扶助＝家賃、地代など住むために必要な費用、住宅の契約更新費用、補修費用、敷金や家具什器費
○医療扶助＝病気やけがの治療・療養のために必要な費用（金銭が支給されるのではなく、病院などに直接支払われる）
○介護扶助＝介護サービスを受けるために必要な費用（金銭が支給されるのではなく、介護サービス事業者に直接支払われる）
○出産扶助＝出産にかかる入院費や衛生用品の費用
○生業扶助＝就職に必要な技能の習得にかかる費用

○葬祭扶助＝葬儀に必要な費用
また、このような減免制度もあります。
•NHK放送受信料の免除
•住民税や固定資産税の減免
•東京都の場合、都営交通無料乗車券の使用。70歳以上になれば、本人負担1000円で東京都シルバーパスの使用
•粗大ゴミ処理手数料の免除
•住民票、課税証明書、印鑑登録証明書の取得にかかる手数料の減免
•インフルエンザワクチンの接種に関する費用

このように生活保護を受けることで、日常生活に関わるさまざまな支出が無料、もしくは減額されるのです。

国は、生活保護を受けられるギリギリまでしか働かない人が増えるのを避けるために、制度の詳細をあえて宣伝しないのでしょう。

もちろん、健康な若者に受給をすすめるつもりはありませんが、高齢になって働けなくなったり、コロナ禍で職を失って生活が苦しかったりする人は、もっと積極的に活用していいと思います。

繰り返しになりますが、税金は年貢ではありません。国に勝手に使われた税金には文句を言うべきだし、生活保護という形に限らず、税金を払っている自分たちが元を取るのは当たり前の権利なのです。もっと言えば、元を取らなければ税金の意味がないのです。

◇　◇　◇

少しだけ税の使い道の話を続けます。

国の借金（国債や借入金、政府短期債権）が2018年末で1100兆円もあります。これは、社会保障費の増大、つまり高齢者に原因があるという意見があります。

しかし、国の借金の約半分は、高齢者が多くない時代につくられたものです。国土交通省の公共事業関係費を見ればわかります。このデータは、公共事業費は減少しているとする政府の主張を説明するために発表されたものです。確かに2000年代はじめは漸減していますが、11年を境に増加に転じています。その公共事業費は国債でまかなわれました。

つまり、次ページの図表〈③④〉で見る通り、借金の大部分は公共事業費によって膨らんだものなのです。

「高齢者は国の借金を増やした」という意見にだまされてはいけません。

国土交通省の役人たちは、「公共事業費を極限まで減らした」と言っています。しかし、私にはそうは思えません。

よく高速道路のリニューアル工事を知らせるCMを見かけます。高速道路が建設されてから50年経ち、そろそろ老朽化がひどくなっているので、改修しようという内容です。

しかし、これはよく考えるとおかしな話です。というのも、東日本大震災のときに大規模な耐震補強工事をやっているはずだからです。まだ震災から10年しか経っていないにもかかわらず、年中あちこちで道路工事を行っているわけです。そう考えると、「極限まで減らした」という発言もにわかに信じがたくなります。

また、工事自体も、本当に効果をもたらすものなのか疑問が残ります。

国債残高と公共事業費の推移

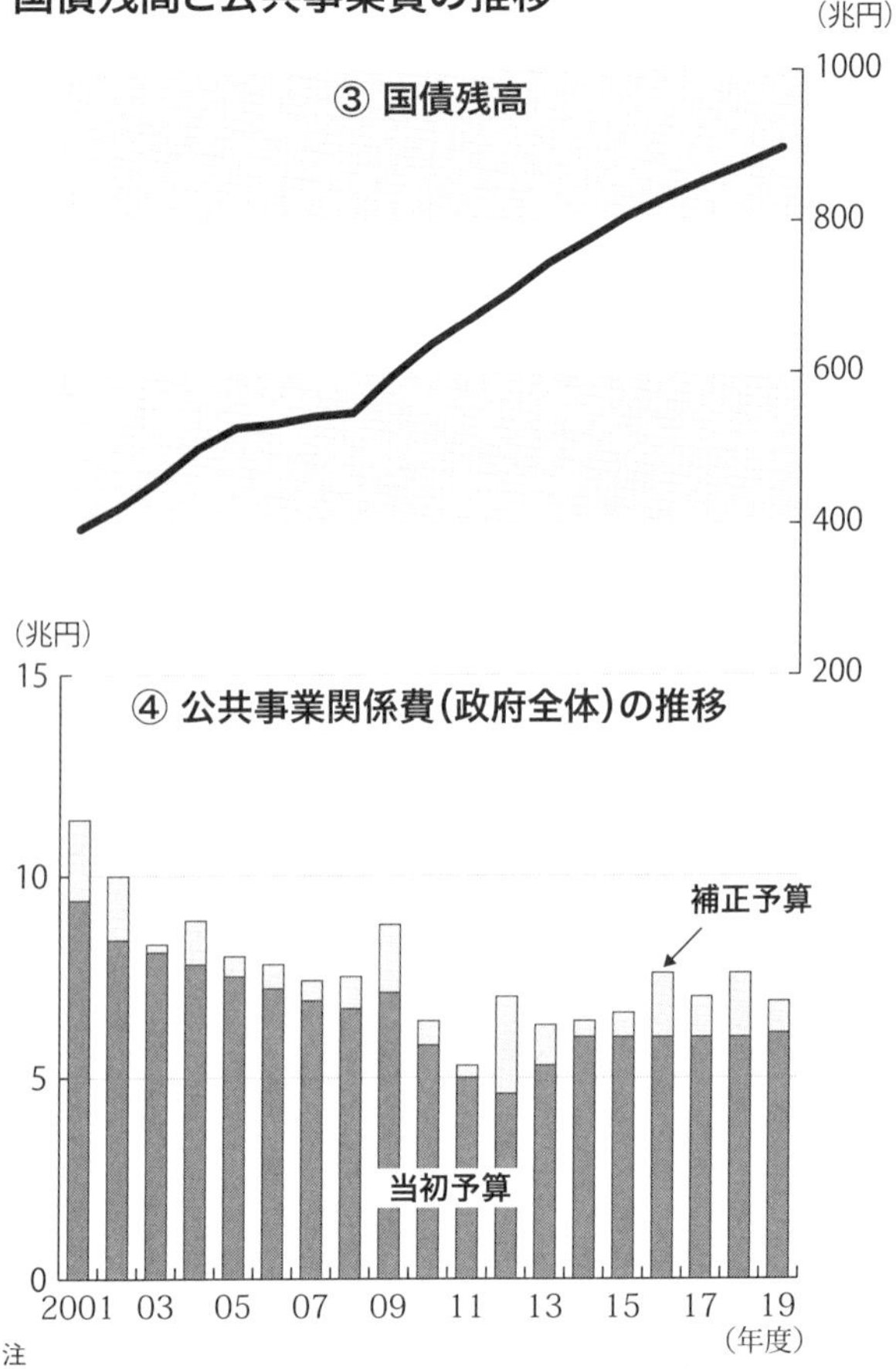

注
1)国債残高は普通国債の各年度末累計
2)2018年度までは実績、2019年度は補正予算ベース

出典:財務省「国債等関係資料」「戦後の国債管理政策の推移」

たとえば、東日本大震災の後に三陸海岸周辺に巨大な防潮堤が完成しました。しかし、どんなに高い防潮堤をつくっても、自然の摂理から言えば、それより高い、想定外の津波が来る可能性はあるのです。

これらの工事を含め、震災後の10年間で32兆円の税金が復興事業に投入されました。本当に必要な事業があった一方で、そうとは思えないものもあったのではないでしょうか。きちんと見続けなければなりません。

将来のお金のことより気をつけるべきは心の病

話を老後の不安に戻しましょう。

私は将来の老後2000万円を心配するよりも、もっと身近で、重要な問題があると思っています。それがうつ病などの「心の病」です。

先述したように、お金の問題は生活保護などによって解決可能と言えますが、心の病とそれが引き起こす健康問題は、一度かかってしまうとなかなか完治が難しい。つまり、心の病に気をつけることで、老後の不安の大部分は解消されるといっても過言ではないのです。

２０１７年に厚生労働省が発表した「患者調査」〈図表⑤〉を見てみましょう。調査によれば、心の病を抱えている人が年々増加しています。日本では近年、自殺者数が年間2万人強で推移していますが、自殺する人の多くが、うつ病や気分障害、不安障害などの精神疾患を患っていると言われています。

一般に老後の不安として、お金や生きがいの問題が挙げられますが、心の病こそ最も注意すべきものと言えるでしょう。

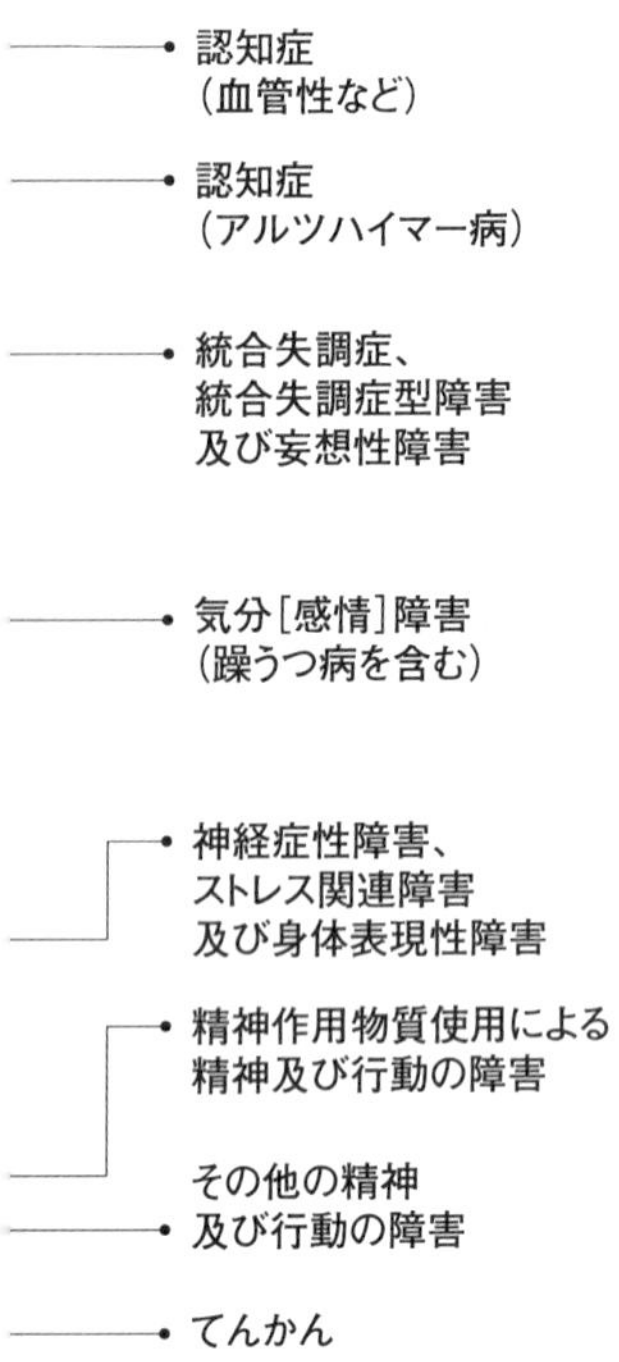

⑤ 精神疾患をもつ総患者数の推移（患者調査）

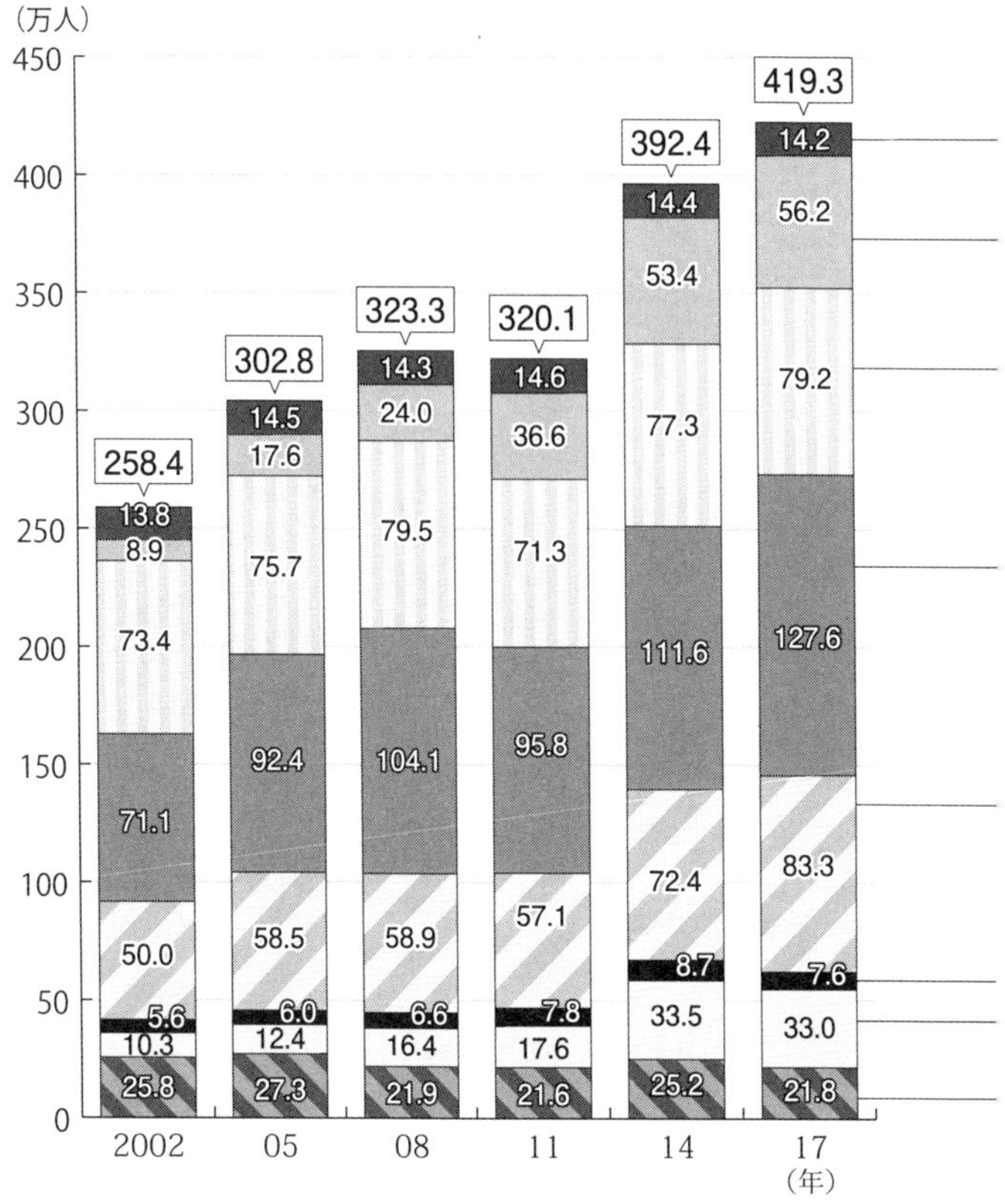

出典：厚生労働省「患者調査」

心の病と密接な関係がある問題として、アルコール依存症が挙げられます。日本の生涯有病率は男性で1・9%、女性で0・2%、推計数は男女合わせて約107万人とされています。近年の少子高齢化によって、アルコールの消費量自体は徐々に少なくなってきているようですが、一方でアルコールを大量に消費する人たちは増加傾向にあります。

OECD(経済協力開発機構)の報告書(2015年)によると、日本人は1人当たり、年間7・2リットルの純アルコールを消費していますが、その約7割を飲酒量が多い上位2割の人が消費しているという結果が出ています(日本の数値は12年)。

2015年に厚生労働省が調査したデータによれば、アルコール依存症による経済的損失は4兆円にのぼることがわかりました。内訳はアルコール依存症患者にかかる医療費が年間1兆円、アルコール依存症による死亡や仕事の効率低下による損失が約3兆円というもの。合計すると約1兆円の酒税を上回るという、なんとも皮肉な結果が浮かび上がります。

こうした経済的な損失だけでなく、身体に与える影響も非常に大きい点がアルコール依存症の怖さです。

配偶者を亡くすなど、ライフスタイルの大きな変化が原因で、高齢になってアルコール依存症になるケースも多く見られます。ひとたびアルコール依存症になると、自分自身で飲酒量がコントロールできなくなります。これによって、インスリンの分泌が低下し、糖尿病の発症・悪化につながります。さらに、肝臓にも影響を及ぼしますから、肝炎、肝硬変、膵炎《すいえん》など内臓のありとあらゆるところが病に冒されます。

影響は脳にも及びます。神経細胞がアルコールによって破壊されて、細胞同士のネットワークが寸断されてしまうのです。認知症の患者であれば、これによって症状が加速度的に進んでしまうこともあります。

アルコール依存症に起因する糖尿病、肝硬変などの病にかかると、医療費も高額になります。場合によっては、人工透析や日常的なインスリン注射の必要性も出てくるでしょう。

また、アルコール依存症は、「否認の病気」とも言われています。家族をはじめとした身近な人に嘘をつきながら飲酒を続けるため、見放されてしまったり、配偶者から離婚を迫られたりするケースも少なくありません。そうなると、離婚に伴う財産の分割でさらにお金が減ってしまうこともあり得ます。

このように、老後のお金の心配をするのであれば、まず心の健康からはじめることが大切なのです。

そのつらい不安を我慢しない

私たちの一般的な感覚では、老年の域に達すると、「精神が安定している」とか「達観している」というイメージがあると思います。

しかし、孤独感や死への恐怖、身体が衰えることへの不安など、多くの人が悩みを抱えているというのが実情です。しかも、そういった心の不安が身体の状態に直結し、さまざまな病気を引き起こします。

つまり、年を取れば取るほど心と身体は密接な状態になるのです。

たとえば、風邪をこじらせて入院した人でも、「せん妄」という認知症に似た症状を発症することが少なくありません。このことから、私がいた高齢者向けの病院では、内科や外科の患者でも精神科のコンサルテーションを必要としていた人がかなりの数いました。

認知症や身体が不自由な人が入所するアメリカのナーシング・ホームでは、入院患者の20％以上が心の問題を抱えていたと言われています。

一方で精神科が他の治療に参加した場合、トータルで医療費が削減されたというケースも報告されています。

心の病を放置せず、コンサルテーションなどを通して適切に対処することが、幸せな老後ライフにつながります。

「相続」こそが老後の不幸を生む

お金よりも心の健康が大切といっても、次のように思う人もいるはずです。

「お金があれば医療費も生活費も気にせずに楽しめるから、あるに越したことはない」

「裕福なら心の病も防げるはず」

しかし、お金をもっている資産家や、ビジネスなどで成功し、土地や会社などの財産をもっている人も考えるべき問題があります。それが相続です。

私はかねてから、相続税は100%にしたほうがいいと述べています。なぜなら、資産を相続する子どもたちが、親の幸せをかなえるような行動をするとは限らないからです。

たとえば、配偶者に先立たれた父親がいるとします。彼が70歳ぐらいになって女性と結婚しようとする場合、子どもたちはどのような反応を示すでしょうか。きっと「親父はその女に騙されている」とか「後妻業をなりわいとしている詐欺師だ」などと猛反対するに違いありません。

しかもそのときに反対の急先鋒に立つのが、たいして親の面倒を見ていない子どもだったりするわけです。

日本の法律では、遺言がなければ相続財産の半分は配偶者が相続することになっています。もちろん、税金も一定額まで免除されます（1億6000万円か、法定相続分まで）。

しかし、現在は成年後見制度も整備されていますから、認知症に認定された途端に裁判を起こされて、財産を自由に処分できない身分（後見レベル、昔なら禁治産者）にされてしまう可能性があります。

このため、新しい奥さんは、夫の介護でとても大変だったとしても、いつの間にか名儀が書き換えられていて、相続時には一銭ももらえない可能性があるのです。こうした相続に対する不安から、結婚を渋るかもしれません。

とはいえ、子どもがもらう相続財産が減るからといって、再婚できないのは果たして当人にとって幸せなことでしょうか。なにも子どものためだけに、起業するなり、出世するなりして資産をつくったわけではないはずです。

こうして見ると、いくらお金があっても相続が絡めば不幸になる可能性があるということがわかると思います。

一方、まったく資産をもっていない人が、再婚したいと言えば子どもたちは喜んでその提案を受けるでしょう。

「これで親父の介護の引き受け手が増えた」

そう思って、大喜びするわけです。こと老後に関しては、お金持ちのほうが不幸と言えるでしょう。

こうした状況を踏まえると、相続税100%に賛成せずにはいられません。相続税が100%であれば、そもそも子どもが相続できる財産がないので、このような不安は生まれません。子どもが財産に口出しする理由もなくなります。これまで人生で頑張ってきた分のご褒美として、本人が死ぬまでに使うようになると思います。お金持ちがお金を使うことで経済も循環していくでしょう。

にもかかわらず、子どもに残そうとするから、せっかく大成功した起業家も、ほとんどお金を使わずに、何もしないまま死を迎えるという人が少なくないのです。寄付もとても少ないのが実情です。ついでに言うと、私の見る限り、お金持ちの子どもたちの兄弟仲が悪くなるのは財産絡みであるケースがとても多いです。

私は老年という時代を幸せにするには、相続税100%しかあり得ないと思っています。100%が難しいというのであれば、相続税を軽減するための試験制度を設けたほうがいいと思います。試験に受からなければ100%課税というわけです。

タバコ、運動、食事――好きなようにやればよい

老後の健康についての不安を抱く人も少なくありません。しかし、どこか的外れな不安を抱いている人が多い印象を受けます。

みなさんは老後の健康についてこんな不安を抱えているでしょう。

「自分が要介護になったらどうしよう」

「自分が病気したらもう終わりだ」

しかし、万が一の公的な備えが日本以上に充実している国は、世界中探してもそれほどは見当たらないくらいなのです。

実際、仮にお金がなくなったとしても生活保護を受給して、特別養護老人ホームへの入所を申請するという選択肢もあります。入所できれば公的な介護費用の範囲で収めることができます。しかも生活保護で特養に入ると、お小遣いも少し残るようになっています。つまり、老後を見据えて堅実に貯金しなくてもよいシステムになっているのです。

また、もし、それでも心配だというのであれば、任意後見制度やリバースモーゲージ（自宅を担保にした融資制度）の仕組みを活用して、認知症になって要介護状態になったら、介護費用に充てられるようにしておけばよいのです。

病気そのものに対する不安もあるでしょう。しかし、世間の医学的常識が必ずしも「正解」と言えるのか疑問が残ります。それが顕著に表れているのが、予防医学です。

予防医学とは、病気になっていない人や症状が出ていない人たちを対象とした医学をいいます。

ところが70歳や80歳になって、すでに動脈硬化が進んでいる人たちに対して禁煙を勧めたり、運動や食事制限をやらせても病気の予防にはつながりません。

一般に、動脈硬化は喫煙と糖尿病が二大危険因子として知られていますが、老齢になると必ずしもそれらが原因として当てはまらないケースが多いのです。

こう言うとすぐに、次のように反論してくる人がいます。

「すでに動脈硬化になっていたら、一般的にタバコは体に悪いと言えるので、動脈硬化がもっと進んでしまう」

しかし、浴風会が行った老人ホームのデータでは、そういった意見とは逆の結果が出ているのです。

「浴風会」というのは東京・杉並にある老齢者専門の医療・介護・福祉施設で、100年近い歴史があります。認知症をはじめ老年医学研究が進んでいることでもよく知られています。

浴風会のホームの入所者は、最初に喫煙の習慣や糖尿病、血圧や既往症などの綿密な調査が行われ、亡くなるまでの追跡調査が行われていました。

調査は1958年から67年までに入所した824人が対象になっています。追跡調査期間は入所時から87年末までで、この間にホームを中途退所した77例については除外されています。

それまで喫煙習慣がなかった群（322例）と、入所時までに1日10本以上の喫煙歴があった群（338例）について、脳梗塞や心筋梗塞の発症率やその後の生存率（生命的予後）を比較検討した結果、次のような結論が導き出されました。

1. 脳梗塞や脳出血、心筋梗塞の発症率は80歳未満で男女とも差がない
2. 80歳未満の老年者の喫煙と生命的予後（生存率）との関係も認められない
3. 80歳以上に限ると、むしろ喫煙者のほうが脳梗塞の発症が低率だった

脳梗塞の発症が喫煙者のほうが低かったという結果は、再調査の必要ありという慎重な態度で受け入れるとしても、老年者の喫煙は、心臓や脳の血管障害の発症、その後何年生きられたかという生存率に影響を与えないということが認められたわけです。

いわゆる医学的な常識からはかけ離れているかもしれませんが、これまでの言説を覆すような結果が得られたのです。

タバコを吸う人は、吸わない人に比べて動脈硬化になりやすいということはわかっています。しかし、タバコを吸って心筋梗塞になるような血管障害を起こす人は、ホームに入る前に死亡していることが多いのです。

だから、タバコを吸って70歳まで生き延びた人について調べてみると、動脈硬化の血管性の疾患はタバコを吸わない人と差がなくなります。70歳、80歳の高齢者については、

若い人のタバコの害はそのまま当てはまらないということが言えます。

このデータから考えられることは、喫煙を続けていて70歳まで生きる人は、身体が喫煙に耐えうる強い遺伝子を持っているのではないかということです。

言うなれば、喫煙を続けてそれが死因になるかどうかというのは、ロシアンルーレットみたいなものなのです。たまたま喫煙に強い遺伝子をもっていれば、吸い続けても長生きができるかもしれません。100歳になってもタバコを吸い続けている人もいますし、元気に生きているというわけです。

医学的な根拠と聞くと、金科玉条のごとく、何も疑わずに受け入れる人が多いのですが、医学的には、このように調べてみないとわからないことが少なくありません。喫煙をしているからといって、確実に死ぬというわけでもなければ死なないというわけでもないということが、現状の医学で言える限界なのです。

つまりは、ある程度、運だと思うこと。タバコがすごく好きな人が自分の運にかけるか、それとも医学常識を信じて、「本当は吸いたいな」と思いながら我慢して生きるかという話なのです。それなら、自分の楽しいように生きたほうが得だと私は思っています。

高血圧、高血糖は動脈硬化に対する適応現象

ほかにも、高血圧や高血糖がよくないという話がありますが、これも必ずしもすべての高齢者に当てはまらない言説です。

一般的な現象として、年を取ると血圧や血糖値は上がるのですが、その変化を動脈硬化への適応現象として見る見方もあります。それにもかかわらず、無理に数値を下げてしまっては、体が不調を感じるに決まっているわけです。

まず、血圧について説明します。

100歳以上まで生きる長寿者をセンテナリアン（百寿者）といいますが、彼らがなぜ長寿なのかを研究した調査結果（慶應義塾大学医学部百寿総合研究センター調べ）があります。それによると、百寿者でも高血圧の人が多く見られたのです。

これは一体、なぜなのでしょうか。

仮説の一つに、一般に人は年を取ると多かれ少なかれ血流が悪くなりますが、血圧が

高ければ、脳や他の重要な臓器への血流を保つことができる、というものがあります。つまり、血圧が高いほうが、疲れやすくなったり、動作がゆっくりになったりする虚弱状態にならずに済むだけでなく、血流が脳に行き渡りやすいのです。それゆえ、認知症の進行も遅らせるというメリットもあります。

もちろん、年齢によっては、高血圧が心血管疾患の原因になる可能性もあります。しかしながら、世の中で言われているような情報だけを鵜呑みにして、なんでも高血圧が悪いというのは、逆に認知症の進行を早めるリスクにもなり得るのです。

次に、血糖値について見てみましょう。老年になり、細胞の老化によって動脈硬化が進むと、血管の壁が硬くなっていきます。そのため、多少、血糖値が高くなければ脳に酸素やブドウ糖が行き渡らないのです。

それにもかかわらず、血糖値を正常値まで下げるということになると、脳が酸素不足になったり、ブドウ糖不足になったりして、頭がぼんやりする「低血糖症」に陥ることになります。症状としては、イライラや倦怠感、自発性の低下や物忘れなど脳の機能の低下が見られます。

低血糖状態が慢性化すると、大脳皮質全体の機能が低下して、認知症に酷似した症状や失禁が見られることもあります。さらに恐ろしいことに、これを見た医師が認知症や脳梗塞であると診断してしまうケースがあるのです。

また、これは病気全般にも言えることですが、老年になると低血糖症のあらわれ方が、人によって大きく変わります。

たとえば、血糖値が110㎎／dℓよりも下がると、低血糖症があらわれる人がいます。一方で、70㎎／dℓより下がってはじめて低血糖症があらわれる人もいます。

さらに難しいのは、低血糖症の症状を訴えてきた朝は、血糖値が110㎎／dℓなのに、夜間や早朝は血糖値が60㎎／dℓ前後まで下がっているケースもあります。

このように、人によって低血糖症を発症するレベルはバラバラで、一概にある時点での数値を基準に治療することは難しいのです。

医師の言葉に一喜一憂しなくてよい

外科治療については、治療の前にインフォームド・コンセントを行うのが一般的です。手術を行う目的とメリットのみならず、術中、術後の死亡率などといったデメリットもしっかり説明する必要があります。

しかし、内科的治療については、あまりインフォームド・コンセントが行われません。たとえば、血圧が高い患者に対して降圧剤を処方しますが、それを飲めば、副作用として血圧が下がることにより、頭がフラフラしたり、めまいが起こったりします。これを「過降圧」と言いますが、内科医はこの副作用のリスクについてほとんど患者に話しません。せいぜい、「ふらつきやめまいがたまに起きるかもしれない」と伝えつつも、「薬を飲まないと長生きできないけれど、それでいいのですか」と続けて、脅すのが関の山でしょう。

このような薬の処方に対する実態を見るにつけて、私は内科医は信用できないと思うのです。

彼らは健康診断の検査数値をもとに一律に指導をしているだけなのです。彼らの言うことを鵜呑みにして、「私はまだまだ目標の検査数値に到達していない」とか「こんなに数値が高いのでは、老後は寝たきりになってしまう」と自分の健康に不安になっても意味がありません。

年を重ねれば重ねるほど、私たちは身体も心もより個性的になっていきます。だからこそ、医師の言葉を無思考に受け入れず、自分の身体や心の声を聞くことが大切です。

切らないほうがよい「がん」も多い

高度医療について、大きな期待を抱いている人が少なくないようです。しかし、高度医療による治療を検討する段階は、すでに寿命を何カ月か延ばす可能性はあるものの、安楽死の対象になりかねない時期です。仮に完治できたとしても、ＱＯＬ（クオリティ・オブ・ライフ：生活の質）は大きく落ち込むことになります。

私は高齢者のがんは外科的処置で切るべきではないと考えています。なぜなら、外科的な処置をして失うもののリスクが大きすぎるからです。

たとえば、胃がんになっている高齢者がいて、胃を切除するとします。がんが取れてよかったと思うかもしれませんが、胃を取ってしまうと、当たり前のことですが痩せ細っていきます。食物からの栄養摂取が難しいため、長生きをすることができません。抗がん剤による副作用も苦しい。

ところが、胃を切除しなければその人がどうなったかというと、もっと長く生きられたかもしれませんし、何よりも死ぬ間際まで美味しいものを食べられます。

私は糖尿病にかかっていますが、2018年1月に最高血圧が200㎜hgを超えて、血糖値が600を超えてしまいました。あまりの数値の高さと体重の急減もあり、膵臓がんにかかったと思ったものです。血糖値を下げるインスリンが膵臓から正常に分泌されていないのではないかと疑いました。

膵臓がんは腫瘍を切除するにしても、抗がん剤を飲むにしても、治療がはじまった時点でQOLがガタッと落ちることがわかっています。

そうすると、私の生業である文筆業や映画監督ができなくなってしまいます。ただ、膵臓がんは膵炎と違ってそれほど痛くないので、最期の2~3カ月をのぞいて、元気に仕事ができます。だから、治療を受けないという選択をすれば、死期はほぼ確定してしまうのですが、残りの人生はわりと充実します。「だったらそっちを選ぼう」と思い、映画と文筆の仕事に専念することにしました。

幸い膵臓がんではなかったのですが、仮に自分ががんになったとしても治療して苦しみながら死ぬより、楽しく生きて死のうと思っています。

「残りの人生、塩分を控えないといけません」

「いくら好きでも甘いものを控えないといけません」

「お酒をやめないといけません」

そういった医師の指示を一方的に受け入れるのではなく、寿命が多少短くなっても好きな飲食物を我慢しない生き方があっていいはずだと私は考えています。

血圧の数値を下げることより快適性を求めよ

私は常々思っているのですが、医学的に問題があるか、ないかの前に、快適に生きる権利を私たちはもっているはずです。

血圧の例で言えば、高いからと薬で標準の数値まで下げて、そのために常にめまいに悩まされたり、ふらふらしたりするのを我慢する生き方を、残りの一生強いられるのか、それとも、数値が高くても元気な状態で快適に生きるのか――。私は後者を選ぶと思います。

前述したようにかつての私は、血圧が非常に高い状態にありました。上の血圧（収縮期血圧）は200㎜hgを超えていました。当時、私の心臓の筋肉は肥大していたと思います。血圧が高すぎると血流を循環させるために、より大きな力が必要なので、心臓の筋肉は肥大していたと思います。そうなると、心臓の部屋は筋肉の厚い壁によって小さくなり、心不全になりやすくなります。心不全は心臓のポンプが弱った状態のときに起きますが、初期症状として、歩くと息が切れやすくなったり、体がむくみやすくなったりします。

このような状態で一般的な医師に診断をしてもらえば、上の血圧を140㎜hgまで下げるように降圧剤を処方されると思います。

しかし、私は医師の言葉を鵜呑みにせずに、自分の判断で薬を調節して血圧をコントロールしています。その際、標準の血圧まで下げようとは考えていません。

今、私がコントロールの目標としている数値は、160㎜hgから170㎜hgの間です。正常とされる数値まで下げてしまうと、頭がぼんやりして文筆の仕事に支障が出てしまうからです。

血糖値も同様です。前述しましたが2018年に検査をしたときには、600㎎／dℓでした。さすがにこの数値では高い上、のどが渇いて仕方がないので薬でコントロールをしているものの、血圧と同じように下げすぎないことを意識しています。

具体的には標準数値の110㎎／dℓではなく、200㎎／dℓを目標にしています。もちろん、この数値は私の身体を考えて調整しているもので、みなさんにおすすめしているわけではありません。しかし、私にとってこの数値は、不快な症状がなく快適に暮らすことができるものなのです。内科の医師の言葉を鵜呑みにせず、自己決定をしたからこそ、快適な生活が得られたと考えています。

医師に言われるがまま、薬を飲んで少しだけ寿命を伸ばすことは本当に幸せなことでしょうか。命を優先させることも大事ですが、楽しく快適に生きるということにもう少し目を向けるべきだと思います。

家族が言う「健康のため」は、高齢者を苦しめる罠

予防医学のところで話しましたが、まだ動脈硬化になっていない30代や40代の人たちが、禁煙や運動、食事制限を通して予防することは、将来的に発症の時期を遅らせて、症状を出にくくするという効果があります。

しかし、データで明らかになっていないので確実なことは言えませんが、そうした予防が効果を発揮するのはせいぜい50代から60代ぐらいまででしょう。

個人差もあるので線引きは難しいのですが、70代まで生きてきた人に禁煙や禁酒を強制したり、運動を強制的にやらせたりすることが、長生きにつながるとは思えません。逆に、今までのライフスタイルを急激に変えることの弊害のほうが大きいと言えるでしょう。

たいていの場合、世間の言説を鵜呑みにして、高齢者にライフスタイルの見直しを強制するのが家族です。禁煙を強制したり、塩分を急激に減らしたり、コレステロールが

多いからと、刺身や卵を食べるのをやめさせたり……。家族は本人の健康のためにやっているつもりでも、それが逆に高齢者の健康を害する可能性があることを知っておいたほうがいいと思います。

たとえば、若い時からずっとタバコを吸っている人が、急にタバコを禁止されることで、ストレスが溜まって怒りっぽくなったり、急に塞ぎ込んでうつ状態になったりすることもあります。

新しいことを学習する意欲や気力が極端に落ちるのが、高齢者の特徴です。それは逆を言えば、環境や生活習慣の変化に弱いということを示しているのです。

高齢になってから習慣を変えるというのは、実は想像もつかないほどのストレスを与えることになりかねません。それが原因で意識障害になってしまうことも少なくないのです。だからこそ、そのような心の病を引き起こす原因をわざわざつくる必要はないと思います。

第2章　老いを知る、受け入れる

男性が意欲を失うのはホルモンの影響

私たちの感情（心）に大きな影響を与えているのは、脳と脳内の神経細胞が生み出すコミュニケーション物質やホルモンです。更年期に入ると、女性も男性もホルモンバランスが崩れていきます。

特に男性の場合はテストステロン、いわゆる男性ホルモンが減ることで、物事に対する意欲が減退し、老いを感じやすくなります。

たとえば、スポーツクラブに行くと、高齢の女性で占拠されていることがありますが、男性はあまり見かけません。団体旅行でも、男性より女性のグループをよく見かけます。

こうした現象も、ホルモンが関係しています。

実際、女性は年を取ると男性ホルモンが増えるため、趣味の活動に意欲的に取り組む傾向にあります。しかし、男性は逆に減っていくので意欲がなくなっていきます。

また、アメリカの糖尿病協会の調査によれば、45歳以上の男性糖尿病患者は、非糖尿病患者に比べて、血中のテストステロンの数値が低いだけでなく、性機能障害（ＥＤ）を併発しやすいこともわかっています。つまり、男性が性行為を含めて物事に対する興味・意欲を失っていくのは、ある種自然の摂理という見方もできるのです。

とはいえ、男性ホルモンの減り方が大きいと、気分の極度の落ち込みや焦燥感が募るなどうつ症状を引き起こす原因になります。女性の更年期障害は閉経の前後5年以内にあらわれることが多く、特に治療を受けなくても、年齢とともに収まるケースも少なくありません。

しかしながら、男性の更年期障害は自然に収まることは難しいと言われています。また、女性の更年期障害ほど知られていないため、うつ病や適応障害などのほかの精神疾患と誤解されるケースも多く、適切な治療を受けるまでに時間がかかる傾向にあります。

さらに、男性ホルモンの減少は、体にも影響を及ぼします。

通常、運動をすると男性ホルモンが分泌されますが、これは筋肉の成長によるもの。しかし、男性の場合、50代に入ったあたりから筋肉がつきにくくなるため、運動をしてもなかなか男性ホルモンが分泌されません。

このように話すと、ホルモン減少と、それに伴う体、心の変化は一見避けられないもののように見えますが、治療する方法はいくらでも存在します。

熊本悦明《よしあき》さんという日本で最初に男性ホルモンを深く研究した泌尿器科医師がいます。90歳を超えた今も元気いっぱいです。この方は、男性ホルモンを「元気ホルモン」と呼び、不足している男性ホルモンを補充する治療を進めています。

実際、男性ホルモンを補うと、筋肉がつくようになったり、頭も冴えて、物事に対する意欲・集中力も向上したりする効果が得られます。心も体も元気になるので、前向きな気持ちで老いに立ち向かうことができるのです。

ただ、この男性ホルモンを充塡することについては、「ホルモンが効きすぎて凶暴になる」などの根拠のない言説がフォーカスされがちです。

一般的な副作用でいうと、肝臓の機能がやや低下するとか、たまにアレルギー反応が見られるといったくらいで、一般的な薬の副作用とほとんど変わりません。

男性ホルモンを注射などで投与するという方法についてもいろいろな議論がありますが、それではインスリンはどうでしょうか。

インスリンは、血糖値をコントロールするホルモンです。血糖値が高い時に血液中にあらわれて、値を下げる作用があります。糖尿病になってインスリンが出にくくなる（これをインスリン抵抗性といいます）と、昔は豚インスリンといって、豚から生成したインスリンを取って人間に注射していました。

もちろん、現在はヒトの遺伝子からなるインスリン（ヒトインスリン）が使われていますが、血糖値を下げるためには、豚のものでさえ効くというわけです。つまり、ホルモンは外から足せるものなのです。これはインスリンも男性ホルモンも変わりません。

男性ホルモンのバランスが崩れることで心や体の不調が引き起こされることを、もっと多くの人に理解してほしいと思います。また、ホルモンの問題は悩んでも解決しません。正しい治療が必要なだけで、自分を責めても何にもならないのです。

頭を使い続ければ認知症の進行が遅くなる

98歳で亡くなった金子兜太《とうた》さんという俳人がいらっしゃいます。金子さんも認知症を発症していたと新聞で報じられていました。

ところが金子さんは、2018年に亡くなる直前まで、全国紙の投稿俳句の選者を務め、本を出版したり、主宰している俳句誌に原稿を書いたりしていました。自分よりはるかに若い同人たちと句会も開いていたそうです。

もちろん、98歳ですから多少のボケはあったかもしれません。その一方で、認知症とは思えない知的活動をこなしています。そうした金子さんの活動を知ると、「本当に認知症だったのか?」と疑う人もいるでしょう。

しかし、ここにも誤解があります。認知症になったら、それまでできていたことができなくなると思われがちです。しかし実際は、認知症の中期くらいまでは記憶力やある程度の知的能力が落ちますが、もともと備わっていた能力や磨き続けた能力は、ほとんど衰えることなく保たれます。ただし、その長年磨き続けた能力を発揮し続けるためには、頭を使い続けることが前提です。

では、頭を使い続けるために大事なことは何かと聞かれれば、私は「人に会うこと」と答えます。

親しい人や好きな人、趣味が共通する人と会う時間は、とても楽しいでしょう。好奇心が満たされますし、心理的にリラックスもします。さらに、相手の気持ちを理解しようとしたり、自分の考えを言葉にしたり、そこから笑いや活気が生まれることで、社会性をつかさどる脳の部位・前頭葉が刺激されます。脳の老化が一番最初にはじまるのは前頭葉とされていますから、人とコミュニケーションを取ることが老化を防ぐための訓練になるのです。

〝コロナ自粛〟で認知機能がかなり落ちた高齢者を私は何人も知っています。コロナ自粛であっても、電話でもいいから人とのコミュニケーションを欠かしてはならないのです。

金子さんは認知症になっても、コミュニケーション能力がほとんど衰えませんでした。その理由として、体力の続く限り、若い人たちと活発なやりとりを続けていたことが大きかったと考えています。

裏を返せば、金子さんのケースは、認知症を進行させる行動パターンについても教えてくれます。

・誰とも会わずにコミュニケーションを取らない
・家に引きこもってどこにも出かけない
・コンテンツに興味を示さず好奇心を刺激しない

そうした無気力の原因となる「人に迷惑をかけてしまうのではないか」「自分のみっともない姿を見せることになるのではないか」といったネガティブな考え方こそが、認知症を加速させるのです。

そもそも認知症とは何か？

そもそも認知症とは、脳の神経細胞の死滅や、働きの悪化によって起こる症状のことをいいます。

認知症が進行すると記憶力だけでなく、思考力や行動力、判断力なども失われて、日常生活を一人で送ることが難しくなるケースもあります。

この認知症のタイプで最も多いのが、アルツハイマー型認知症です。厚生労働省によると、認知症のうち約70％がアルツハイマー型認知症に分類されます。ほかに、脳梗塞や脳出血などによって脳組織に血液が供給されないことから起こる脳血管障害型認知症などもあります。

では、認知症を発症すると具体的にどのような症状があらわれるのでしょうか。

認知症の症状には、脳の神経細胞が壊れることで引き起こされる「中核症状」と、その中核症状に関連して起こる行動や心理の「周辺症状」の二つがあります。

中核症状の例として、物忘れなどの記憶障害や判断力の低下のほか、考えがまとまらなくなったり、物事の段取りができなくなったりする症状があります。

一方、周辺症状としては、徘徊《はいかい》や不眠、暴力や暴言などの行動、抑うつ、不安、興奮や被害妄想、焦燥感などが挙げられます。

中核症状に対する根本的な治療方法はまだ確立されていませんが、周辺症状については、適切な対応や薬物療法などで軽減できます。

認知症の発症率は65歳から増え続け、85歳を越えると3人に1人、90歳を越えると2

⑥ 年齢別の認知症有病率

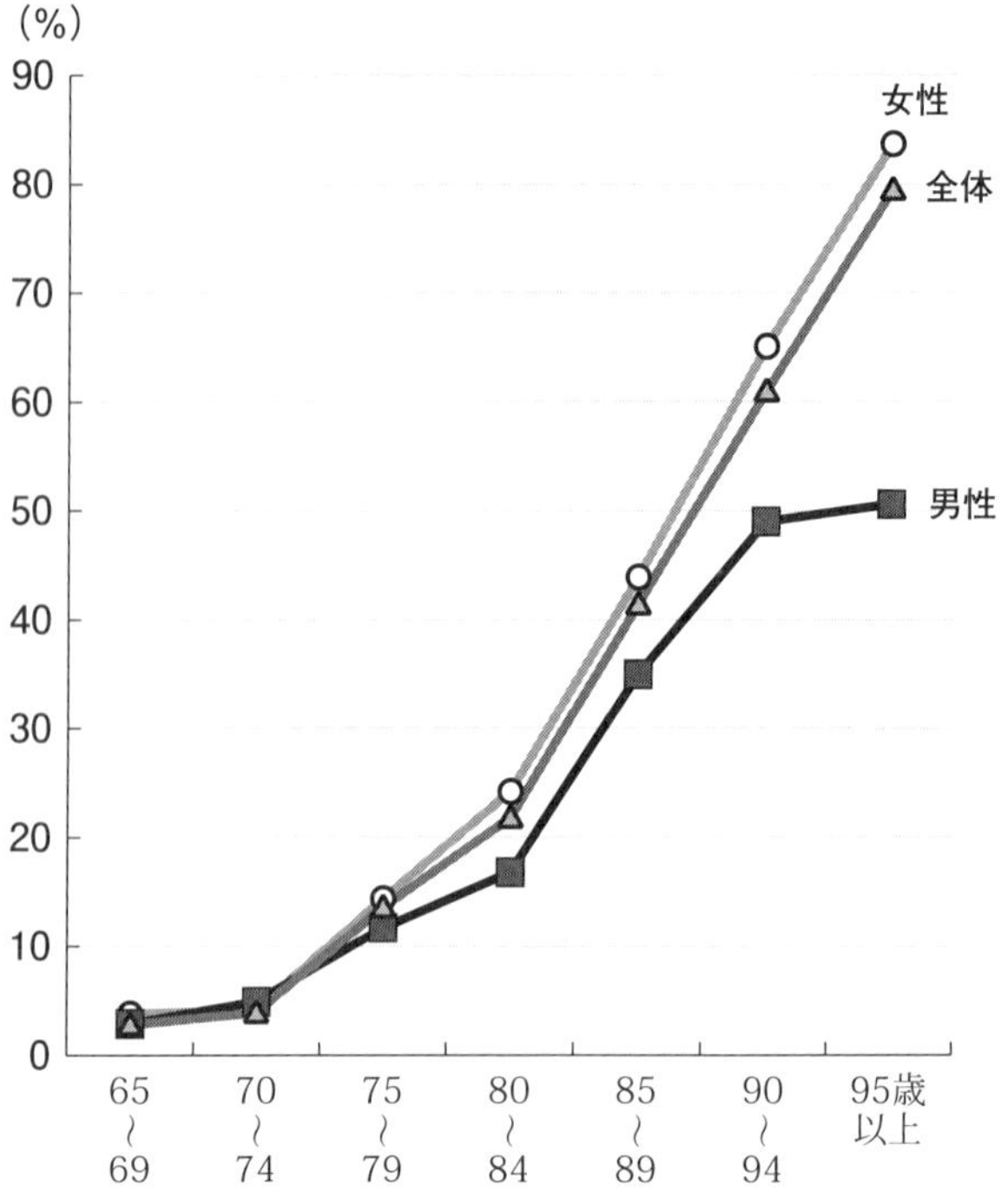

厚生労働科学研究費補助金　認知症対策総合研究事業
「都市部における認知症有病率と認知症の生活機能障害への対応」（平成21〜24）
総合研究報告書より、認知症・虐待防止対策推進室にて数字を加筆
研究代表者　朝田隆（筑波大学医学医療系）

出典：厚生労働省「認知症有病率全国調査」

人に1人以上が認知症になると言われています〈右ページの図表⑥〉。

認知症は徐々に発症する老化現象

認知症は徐々に進行する老化現象の一つなので、あるタイミングで急に悪くなるという境界線が存在しません。多くの場合、認知機能が10～20%落ちてから家族が認知症に気がつくとされています。もともと認知能力が高い人のケースでは、それまでの知能レベルが高いので、かなり落ちてからになりがちです。

高齢になって外に出なくなったりしても、家族はそれが認知症の傾向だとは気がつかないものです。

外に出なくなって、会話が少なくなっても、「口数が減ったな」「年だからそういうもんだ」と片付けてしまうでしょう。そうかと思ったら、息子に突然敬語を使い出したり、子どもに名前を聞いたりして、そこではじめて認知症の疑いがあるかもしれないと病院に連れていくわけです。だから症状が進んでから判明するケースが大半です。

認知症は異常な行動をすると思われがちですが、本質は脳の老化ですから、だんだん大人しくなるという人がほとんどです。イメージされやすい「徘徊老人」などは少数派と言えるでしょう。

現在、日本に認知症の人は500万人いると言われていますが、みんなが徘徊していたら街が大変なことになるはずです。認知症800万人時代などというと、徘徊老人が街にあふれるイメージかもしれませんが、現実的にはあり得ないのです。

レーガンとサッチャーも認知症だった

アメリカのレーガン元大統領は、大統領の職を辞任してから4年後の1993年、82歳のときにアルツハイマー型認知症と診断されています。翌94年11月には、手紙で国民にアルツハイマー病を告白しました。記録によると、すでに93年の時点では認知症がかなり進行し、物忘れや知的能力の低下が激しくなっていたということですから、在任中(1981~89年)から認知症による何かしらの症状が出ていたものと推測されます。

国賓として来日したロナルド・レーガン米大統領と中曽根康弘首相（1983年11月＝首相官邸）。レーガン氏は2004年に93歳で死去。中曽根氏は2019年に101歳で死去

公式晩餐会に出席するマーガレット・サッチャー元英首相（1998年5月＝ロンドン。当時、貴族院議員）。2013年に87歳で死去

ほかに、イギリスのサッチャー元首相は、2001年頃（76歳）から認知症だったということが、08年に長女によって明らかにされています。医師から人前で話すことを控えるようにアドバイスされた02年以降は、ほとんど公式の場に出てきませんでした。すでに物忘れが激しくなっており、話が通じなくなっていたとされています。

02年から、家族が公表した08年の6年間でこれだけ症状が進行したとなると、普通の感覚で言えば、首相在任中（79〜90年）から物忘れぐらいはあったと推測されます。

二人の例は、見方を変えれば、軽いアルツハイマー型認知症を発症していても、一国のトップぐらいは務まるということを教えてくれます。軽いうちではなんでもできるけれども、重くなると何もできなくなる。それが認知症なのです。

日常生活を続けることが認知症の進行を食い止める

一つ注目しておきたいのが、レーガン元大統領の奥さんが行ったという、症状を緩和させる方法です。

1993年、レーガン元大統領の認知症がかなり進行していることを認めた奥さんが、自宅にホワイトハウスの執務室に似せた部屋をつくりました。そこでレーガン元大統領が新聞を読むなどの「執務」を続けたところ、症状の進行が収まったと言われています。この例から、日常生活や日頃の習慣を続けることが、認知症の進行を止めるのに有効だとうかがえると思います。

認知症になると認知機能が著しく落ちる人もいますが、そうではない人も少なくありません。認知症の症状は人それぞれです。

そして症状を進行させないための重要なポイントが、レーガン元大統領の奥さんがやっていたように、今までできた行動の維持です。

ところが、家族にしてみれば、今までできたことができなくなったという点に注目してしまいがちです。それでショックを受け、医者に見せてとにかく人前に出さないようにし、何もせずに放置してしまう。これこそが、認知症を進行させる最も危険な行為と言えます。

脳トレは認知症の改善につながらない

できないことよりも、できることに目を向けること。つまり、昨日できていた行動や作業などを今日もやることが大切です。

特に家族は、「最近は10分前のできごとを覚えていられなくなった」とか、「携帯電話を買い替えたら使えなくなった」など、できなくなった点だけに目を向けがちです。しかし、認知症の症状を進行させないためには、日常生活でできていることを減らさないマインドに変わらなければなりません。

「車の運転ができる」

「料理ができる」

「電子レンジは正しく使えている」

「一人でお風呂に入れる」

このように、できていることに注目すれば、本人も、家族も、ボケを悲観的に考えることもほとんどなくなると思います。

また、高齢者やその家族から、「認知症の症状を悪化させないために、『数独』や『100マス計算』などの〝脳トレ〟をはじめたほうがいいのでしょうか」と聞かれることがあります。

私の考えでは、そういったものは不要です。

たとえば、軽度の認知症の人が毎日数独をやれば、点数は上がるでしょう。その結果を見た本人や家族は、こう思うはずです。

「脳が活性化されたに違いない」

「脳トレの効果が出た」

しかし、同じ人が別の認知機能テストをやって高得点が取れるかというと、そういう波及効果がないことを実証する研究がいくつも発表されています。

要するに、脳トレなどの点数向上は、頭がよくなったのではなくて、練習してそれができるようになったというだけの話で、慣れの結果なのです。腕っぷしだけをいくら鍛えても野球はうまくなりません。同じように、脳トレなるものは認知症の改善に役に立っていないということがうかがえると思います。

私の臨床経験から言わせてもらえば、認知症の進行を食い止めるために本当に効果があるのは、興味があることをやり続けること、日常的にやっていた習慣をなくさないということだけです。

わざわざ楽しくもない、新しいことをやる必要はまったくありません。

高齢者の運転免許剝奪に反対する理由

認知症になると不思議なことが起こります。

その一つが「小銭が貯まりやすくなる」というもの。

何かを購入する際、5千円札や1万円札を出せば、間違いなく購入できると考えるために、買い物のたびに小銭が増えていくのです。なかには、その貯まった小銭を瓶やケースに入れて持ち歩き、自分の行きつけの喫茶店でコーヒー代を支払う人もいます。

ほかに、認知症の進行によって見られる不思議な例として、「誰に対しても敬語を使う」というものも挙げられるでしょう。

これも、不安から生じる行動です。乱暴な言葉遣いで相手を怒らせてしまい、自分が暴力などで危害を加えられるかもしれないという恐れが、そうさせるのです。

このような行動のあらわれ方を、私は「安全の法則」と呼んでいます。高齢者は本人の無意識のうちに安全な態度や行動を選ぶ傾向にあるのです。

この法則は、車の運転についても当てはまります。

近年、認知症の人が事故を起こすケースが増えているとされています。2017年には、認知症と診断されれば車の免許を取り消し・停止にするという法律が施行されました。

しかし、世の中に高齢者があふれており、相当数の認知症の人が含まれているにもかかわらず、歩行者として事故に遭うケースは、そう多くありません。少なくとも認知症の初期の段階では、「安全の法則」に従って慎重な判断をして、交通事故に気をつけることのほうが多いのです。

それにもかかわらず、「高齢者だから何をするかわからない」という理由で家族が免許返納を迫り、認知症になりやすくしたり、認知症をさらに進行させたりするのは本末転倒な気がします。

これも、認知症には症状が軽いものから重いものまであり、さまざまなタイプがあるという実情を知らないことに起因するのでしょう。

高齢者の交通事故は、認知症ではなく「薬」が原因

認知症高齢者の運転免許剝奪の件は、政治家の認知症に対する無理解を顕著に表していると思います。

国の政策アドバイザーの人たちは、認知症でなくても一定の認知症状よりも重くなったら、一律に免許を取り上げようという政策をさらに推し進めようとしています。

しかし、このようなアドバイザーたちが、実際の認知症の患者さんを見ているのか、はなはだ疑問です。

そもそも、死亡事故に占める高齢者の割合は20％を超えていると言われていますが、

事故の内訳を見ると、単純に高齢であるから死亡事故が引き起こされたとは言い切れません。

一般に、高齢者は動体視力が落ちるから運転するのは危険と言われます。その定説の通り、子どもが飛び出してきた際にブレーキを踏む動作が遅れるなどの理由で死亡事故を起こしているというのであれば、高齢者から免許証を取り上げる必要があるかもしれません。

しかし、死亡事故のケースで目立つのは、逆走や暴走です。これらは意識がぼんやりすることで起こることが多い事故です。

ではなぜ、運転中にぼんやりしてしまうのかと言えば、私は薬によるところが大きいのではないかと思っています。そうだとすると、認知症が直接的な原因ではなく、薬を内服している人ならば同様のリスクがあると言えます。そうした可能性をじっくり考慮せず、認知症で認知機能が落ちているからという理由で免許を取り上げる政策は、暴挙と言うほかありません。

法律は専門家の意見を聞き、方向性を決めてから立案されます。こうした政策を見るにつけて私は思うのですが、専門家の誰の意見を聞いてつくったのか、政府は公表すべきです。

恐らく公表をすれば、○○大学医学部精神科認知症の専門家○○といった名前が出てくるでしょう。私の経験から言えば、そういう人に限って、自分が認知症になって運転免許証を取り上げられる際に、「俺は認知症ではない」と言う気がします。なぜなら、脳の研究をしていても認知症の臨床はろくに経験していないので、認知症の実情を知らない教授が多いからです。

誰もが認知症になりうる超高齢社会

以前、ある雑誌で、認知症の特集が組まれたことがありました。そのなかのキャッチコピーで私の印象に残っているものがあります。

それは、「世の中には、いま認知症の人と、これから認知症になる人しかいない」というものです。私は思わずうなずいてしまいましたが、確かに現代はそういう時代に入ってきたと感じます。

そもそも高齢者とは、「その社会のなかで高齢に属する人」という意味です。つまり、人口の分布によって高齢者の年齢層が変わります。

たとえば、平均寿命が60歳のころには、定年が50歳でした。つまり、50代後半の人を高齢者と呼んでもおかしくないということになります。これを現在に引き直して考えてみると、80歳過ぎが高齢者ということになります。

さらにあと10年もしないうちに、団塊の世代が続々とその年齢に達します。そうなると80歳は分厚い層になるわけですから、社会の高齢に属する層として、その上の85歳ぐらいからが高齢者になります。85歳といえば、少なくとも脳を顕微鏡で見る限り、誰もが何らかの認知症を持っている年齢です。

要するに、超高齢社会は、誰もが認知症になりうる時代ということなのです。そうだとすれば、「私は認知症になりたくない」とか「ボケたら人生は終わりだ」といった恐れやあきらめは意味のないものになります。むしろ多幸的になる認知症は、長生きをする人が幸せな晩年を送ることができるように、人間の脳にあらかじめ仕込まれたプログラムではないかとすら思えてくるのです。

介護保険制度が導入される前まで、認知症は「痴呆症」と呼ばれていました。人間として扱われず、蔑《さげす》まれていた時代もあったのです。

しかし、現在は違います。昔ならば社会から隔離されていたような人たちが、ブログやＹｏｕＴｕｂｅなどさまざまな場所で自分から発信したり、本を出したりしています。今や、認知症の人であれ、家に閉じこもるのではなく、地域や社会のなかで生き生きと活躍できる時代なのです。

認知症時代を幸せに生きる心の持ち方

周囲の目が気になったり、人に迷惑をかけることを極度に恐れたりして、不安がいつまでたっても拭い切れないという人がいます。こういう人はたいてい、責任感が強く、他人の問題も自分のものとして捉えてしまうため、さらに悩みを深めてしまいがちです。

しかし、こういう人も老いによって、不安から解放されることがあるのです。

実はちょっと不思議なデータがあります。

独居老人と、家族と同居する老人の自殺率を比べたものですが、独居老人のほうが不幸のような気がするので、それを反映した結果になっていると思いがちです。しかし、現実は違います。

家族と同居する高齢者のほうが自殺率が高いのです。一緒に暮らしていることで、誰かに迷惑をかけているという自責の念に駆られ、不安が広がってうつ病になり、自殺を選んでしまうのかもしれません。

ところが、認知症になると、あくまでも一般的な傾向としてですが、自責感にとらわれる人は少なくなります。認知症が進行していくと、たとえ周囲に迷惑をかけても、本人に迷惑をかけているという意識が薄くなるからです。そして本人がニコニコ笑っていれば、周囲もつい「仕方がない」と許してしまいます。こうして、お互いに気を使わずにやっていけるのです。

認知症の初期段階では、責任感が強く、他人になかなか弱みを見せられない人ほど、周囲に迷惑をかけることを嫌います。自分のせいでみんなが迷惑をこうむっているなどの自責の念に駆られる人もいます。

しかし、このような自責の念の背景には、認知症になりたくないという恐れや不安があることが多いのも事実です。

その強迫観念にも似た思い込みを捨て去るためには、認知症は脳の老化に伴う症状で、誰もが自然になるものだと認識することが大切です。

生きてきた喜びをボケによって実感する

老年期は、今まで背負ってきた重い荷物を下ろす時代と言えます。

私たちは、壮年から初老期にかけて、随分と忙しい時期を過ごしています。仕事、家事、子育て、そして会社をはじめとした人間関係。一番ストレスのかかる世代は40代から50代にかけてでしょう。社会的に役割も責任も大きくなり、このストレスが原因で依存症などの心の病に冒されてしまう人も少なくありません。

この時期を心の底からのんびりと過ごせる人は、少ないのではないでしょうか。やらなければいけないという義務感や責任感にとらわれることもあったと思います。その場の空気を読んだり、自分がどう思われているかということを気にかけたりした経験もあるでしょう。

しかし、ボケるというのは、そうした社会のしがらみから、完全に解き放たれるということなのです。少なくともそういう考え方ができるのが、認知症という症状です。もし、そういう考え方ができれば、ボケは人生の終盤に用意された、しかも誰もが手にすることができる安息の時間ということになるでしょう。

たとえボケていたとしても、自分にとって楽しかった思い出や感情に深く刻まれた経験は、記憶の底に残って、消えることはあまりありません。だからこそ、長く生きてきたことの喜びをボケによって実感できるかもしれないのです。

認知症よりはるかにつらい、うつ病の特徴

これまで述べてきたように、老いを前向きに捉えるマインドに切り替えるだけで、老

後をラクに生きることができます。しかし、認知症への恐怖心が強く、人に迷惑をかけることに対して過度に抵抗を感じる人は、もう一つ大きなリスクがあります。

それがうつ病です。

明確なうつ病の症状だけでなく、気分が落ち込みやすいという症状まで含めると、65歳以上の1割から2割の人がうつ病に悩まされていると言われています。

70歳以上の入院患者のデータでは、うつ病とはっきり診断できる人は12％で、抑うつ気分になる人は23％にものぼります。

うつの状態にあるとき、認知症とは比較にならないほど、つらい精神状況に置かれるケースが少なくありません。前述したように、認知症の場合は自分がボケてしまっているという感覚もなくなり、進行すると多幸感を得やすい傾向にあります。

ところがうつ病の場合は、本人がつらい状況をはっきりと認識しています。つらくなるので悲観的になり、不眠に悩まされて、ときには妄想に取りつかれてしまうなど、絶望的な恐怖を味わうこともあります。

さらに問題が大きくなるのは、自責の念や罪悪感にさいなまれることです。そのような気分になると、自殺願望も生まれます。認知症は端から見ると悲惨な状態なのかもしれませんが、うつ病のほうが悲惨な状況に陥っている場合が少なくないのです。

私が知っている限り、うつ病であることを周囲に知られずに死んでしまう高齢者も少なくありません。老人性のうつの場合、家族にも気づかれないことが往々にしてあるのです。身体の調子が悪く、病院に行って検査で異常がなかったにもかかわらず身体の不調が消えないというときは、うつ病を疑ったほうがいいでしょう。

一般的に、うつ病は次のような症状が特徴に挙げられます。

1. 物事に悲観的になり、罪悪感や絶望感にとらわれるようになります。意欲や自発性も低下します。

2. 調子がいい時と、悪い時が交互に発生します。1日のうちでは、午前中に調子が悪いということがよくあります。

3. 食欲低下などの自律神経症状に加えて、便秘などの症状がうつ病と関係していることがあります。

しかしながら高齢になると、うつ病の症状もバリエーションが多くなり、若い人の典型的な例が当てはまらなくなることも少なくありません。

ちょっとした変化でも、うつ病を疑ってみてください。特に夜中に目が覚める熟眠障害と食欲不振は要注意です。年のせいと思われがちですが、うつ病の典型的な症状なのです。

第3章　高齢者が生きづらい日本社会

高齢者を生きづらくする建前社会

日本の社会は、さまざまな建前にあふれています。私たちの多くが、本音は違うにもかかわらず、自分を偽り、本音とは違う行動・言動を取りがちです。最近では、そうした風潮が幅を利かせて、高齢者の差別を生み出したりしています。

たとえば、「空気を読む」という行為は、前頭葉をはじめとして脳全体を使います。もちろん、興味のあることや楽しいことで、脳を活用するのはとても大事です。しかし、自分が嫌だなと思っていることや面倒くさいと思っていること、いまいちモチベーションが上がらないことで脳を使うと、無駄な不安を増大させる原因にしかなりません。

現役時代では捨てたくても捨てられなかった建前から離れ、自分の本音と向き合うことで、私たちは幸せに生きることができると私は考えています。

自分より組織を優先してしまう日本人の価値観

そもそも、日本社会は太古の昔から集団社会主義です。集団である氏族が政治の中心で、氏族という組織単位でその人の身元を保障したり、仕事を請け負ったりしていた文化があります。

奈良時代に入る前、当時、世界の最先端の国家運営システムであった中国の官僚制を導入しましたが、それまでの氏族の仕組みを残すために、中国の官僚制を自分たちの仕組みに改悪してから導入したほどです。

仕事はその氏族が請け負うため、既得権益になっていて、よほどのことがない限り、その仕事がなくなるということはありません。また、氏族の長は代々世襲制で、トップが変わることもない。日本の組織がかねてより「風通しが悪い」と言われる理由も、もしかしたらそういうところにあるのかもしれません。

さらに、労働は神に仕える奉仕活動として捉えられる価値観があるので、働くこと自体を尊い行為だと思っています。その仕事に従事し、組織に奉仕することによって、自分のアイデンティティを得られると勘違いをしている人が少なくありません。このため、お金を稼ぐために自分の時間を売っているという感覚に乏しいのです。

欧米はまったく違います。

まず労働は神に奉仕する手段ではありません。唯一神が絶対で、神に休めと言われたら、安息日としてどんなに中途半端な状態でも休むという考え方があります。

さらに、組織に奉仕することは神に奉仕することにはならず、そこには個人と神の関係があるだけです。このため、欧米には個人主義の考え方が非常に強く浸透しています。

このような文化的な素地が個人の思考や行動にどれほどの影響を与えているのか、証明はできません。それでも日本人の場合、組織のことを考えたり、周囲が気になったりして、自分の幸せを優先して考える人は少ないということは言えると思います。

しかし、老年になれば、組織は守ってはくれません。だからこそ、もっと自分を大事にしてほしいのです。

誰かに迷惑をかけることに、過度の抵抗を覚える必要はありません。高尚な趣味を持って、周囲からかっこいいと思われるような生き方をしなければならないわけでもありません。究極的には自分が幸せならそれでいいという考え方をしてほしいのです。

もちろん、人によって幸せの求め方はいろいろあると思います。少しでもいいからうまい酒を飲むときが幸せだという人もいれば、旅をしているときが幸せだという人もいます。自分だけの幸せの追求の仕方を探してみることが大切です。

定年制度に見る日本と欧米の仕事観

定年制度は、19世紀、ドイツ帝国の宰相ビスマルクによって世界で初めて導入されたと言われています。定年の年齢基準については諸説あるのですが、その頃のドイツの平均寿命を定年の年齢に定めたそうです。あくまで私の推測ですが、平均寿命まで生きたのだから労働から解放してやろうという考えから生まれたのでしょう。

歴史的に見ると、定年制度は年金とセットになっており、定年になれば年金がもらえて労働から解放されるというのが欧米のシステムです。ところが、日本は年金の受給開始年齢が、定年を迎える年齢より後ろ倒しになります。

また、ヨーロッパでは労働組合が、もっと定年を早くすべしと提言をしています。しかし、日本は逆に定年を延長すべきだと言っている。なぜなら、先延ばしになる年金の受給開始に定年の年齢を合わせようとしているからです。ヨーロッパではもっと早く年金支給を開始しろと言っているのに、日本ではもっと長く会社にいさせてほしいというわけです。定年制度一つ取ってみても、日本と欧米の考え方の違いがわかると思います。

先述したように、日本は働くことが生きがいになっているという文化があるのですが、欧米の人たちは早く労働から解放されたいという考え方があります。

欧米の人たちは仕事だけではなくて、プライベートでも趣味が充実していたり、別の仕事を持っていたりします。プライベートの時間を重視するので、仕事一辺倒にならずにバランスが取れるのです。

日本では会社員の場合、飲みに行くにしても麻雀をするにしても、会社の人としか行かない人がほとんどを占めているようです。

会社での仕事や行動が生きがいになってしまうと、仕事上の肩書が自分のアイデンティティになってしまいがちですし、仕事の人間関係や地位を定年後も引きずることになります。これまで見てきたように、そうした価値観を引きずる生き方では、少なくとも高齢期に幸せになれるとは思えません。少しでも仕事一辺倒の考え方から脱するためには、自分が心から楽しめることを探すという姿勢が大切だと思います。「心から楽しめる」という点については、第4章であらためてお話しします。

見舞客が多い人と少ない人の違い

私は今までたくさんの高齢者と向き合ってきましたが、世間一般でイメージされる、いわゆる「老後の人生」と一括《くく》りにできるような例は一つもありませんでした。

人生の成功者のような人が、老年を迎えてから幸せな高齢者になるとは限りませんし、逆に恵まれない人生を送ってきた人が、そのまま不幸な高齢者になるとは限りません。実際には逆のケースがたくさんあるのです。

たとえば、私は都内の有名な高齢者医療専門の病院に勤めていたので、元大臣とか大企業の元社長など社会的に地位のある人たちの晩年を見ることができました。

一般的に社会的地位の高い人が、現役で病院に入院するとお見舞いの人が大勢やってきます。しかし、老齢になると、いくら社会的な地位が高かった人でも、見舞客の数は寂しい限りです。

なぜなら、その人の社会的地位は、定年など現役引退で終わっているからです。簡単に言ってしまえば、見舞客にとって何のメリットもないのです。

しかし、ほとんど見舞客が来ない人がいる一方で、連日、来客がある人もいます。この違いについて私なりによく考えたところ、見舞客がたくさん来る人たちは、「部下の面倒をよく見ていた人たち」ということがわかりました。

上に媚びて出世をした人は、自分より年長の人は先に死んでしまうから見舞いに来ませんし、下には嫌われているから、定年後はほとんど見舞客が訪れないのです。

老年になって何が一番問題になるのかというと、孤立です。どんなにお金を持っていても、どんなに社会的地位があったとしても、老後に孤立状態になってしまえば、まず、うつ病になる確率は非常に高くなってしまいます。

うつ病を患ってしまうと、もちろん、幸せだと感じることも少なくなるでしょう。不安も増大します。疑い深くなり、ますます社会から孤立することになります。

そして、そうした孤立した状況が、身体的なクオリティ・オブ・ライフ（ＱＯＬ）の低下を招きます。それによって生じるのがフレイル（虚弱）状態です。このような状態までくると、認知症になりやすくなるし、健康状態に問題が出る可能性も高くなってしまいます。

天下りにしがみつく人の、あわれな心理

会社の肩書をもっているみなさんは、次のように思いがちです。

「取締役まで残れれば、65歳過ぎても安泰だ」

「あの地位になれば、関連企業に天下りができる」

これらに対して、私は幻想を抱いている人があまりに多すぎると考えています。

もちろん、関連企業などに天下りする人たちは一定数いるものですが、最後まで面倒

を見てくれるという保証はありません。よくて70歳ぐらいまでだと思います。しかも、そうした関連企業に天下りで出向しても、社員からは後ろ指をさされて、早く辞めてほしいと思われてしまうでしょう。

そんなことをしてまで、いずれなくなる地位にしがみつく必要があるのか疑問です。

それは、医者や大学の世界でも同じです。私は昨年60歳になったのですが、東大の医学部を出た同級生の還暦祝いに呼ばれることになりました。出席した同級生たちは私以外、東大医学部教授になった〝勝ち組〟の人ばかりです。還暦祝いの当事者は、ある私立医科大学の理事長の親族になっていました。会場に現れた理事長に、同級生たちはこぞって話しかけます。

「今からでも教授のポストは空いていますか？」

「系列病院の院長はどなたが？」

そういった質問で、理事長のご機嫌を取っているのがあからさまにわかるのです。

もちろん、定年後の人生を考えるのは悪いことではないと思いますが、うまく天下りができてもそのイスが居心地いいという保証はありません。

大学に居続ける人は、開業することに必要以上に大きなリスクを感じていたり、自分には向いていないと最初から決めつけてしまう人が少なくありません。

でも、私だったら定年後は開業する道を選びます。そして、そういった方向にこそ、「東大のブランド力が使えるのに」と思ってしまいます。

東大医学部の元教授ということで開業すれば、恐らく患者さんもたくさん来るでしょう。しがない宮仕えをする必要もありません。死ぬまで働くことができますし、一生とりあえずご飯は食べていけます。しかも、一般の起業と違って、東大の附属病院で教授にまで上りつめた医師の場合は、開業しても倒産する確率は非常に低いはずです。

もちろん今述べた例は一般的ではありません。しかし、一生、組織にしがみつく生き方をやめようと心に決めるだけで、自分らしい幸せな人生を歩むことができると言いたいのです。

1991年から3年間、私はアメリカに留学していたのですが、その際、若い研修医が院長のことを「トム」と呼ぶような、ファーストネームで呼び合うフラットな文化に違和感がありました。

しかし、今、60歳になって老年のはじまりの年齢になってみると、職場でそうやって呼び合う文化はすごく便利だと思っています。

日本の場合、定年退職するまで「部長」と呼ばれていた人でも、定年退職した途端に周囲から「おじいちゃん」とか「そこのおじいさん」としか呼ばれなくなります。つまり、世間は肩書や地位を重視する文化なのです。

だから、会社組織を離れた途端に肩書がない人になってしまうので、とても不安な状態に陥ってしまうというわけです。

そこで、何かしらまた別のアイデンティティのようなもの、言ってみれば自分を武装する道具が欲しくなってきます。その考えが、一般的な生きがい探しにつながると思うのです。

これは、家庭においても同様です。

父親は一生「お父さん」と呼ばれます。つまり、一生、「父親」でいなければならない。しかし、老人になってくると、子どものほうが収入で優ったりすることもありますし、力も強くなります。説教をしても「話が古い」と一蹴されてしまうかもしれません。

立場が逆転するのです。

会社でも家庭でも立ち位置が変わってくるというのが、老年になるということです。しかし、役割が変わることで、何者でもない、ただのおじいちゃんになってしまうという恐怖から、それに代わる何かを求めてしまうわけです。

そこでまた、肩書や社会的地位を求めても意味がありません。どうやって、自然な形で世俗と距離を置きラクに生きていくか、そのことこそが重要なのです。

私が体験した医療業界の閉鎖性

医療ドラマを通してご存じの方も多いかもしれませんが、医師の世界は肩書がすべてを決める超タテ社会です。医師の世界でそれなりの肩書を得ようとすると、人事権を握っている医局のトップである教授に対して従順な人が出世しますし、研究職の場合でも、教授の命令に素直に従う人が出世する仕組みになっています。

加えて、日本の場合は残念ながら専門間の縄張り意識が強く、異なる専門の人間を二流とみなす風潮がいまだに残っています。

　こうした医療業界の閉鎖性は、私も痛感してきました。

　私がずっと専門にしてきた老年医学の世界では、老年精神医学の師匠の竹中星郎先生と、浴風会での経験のおかげで、高齢者の臨床だったら誰にも負けないという自信を持っています。

　浴風会の糖尿病の専門医の先生は、北米の糖尿病の大規模調査である「ACCORD調査」が出る20年以上前から、「高齢者の血糖値は下げすぎないほうがいい」とか「血圧を下げすぎないほうがいい」とずっと言い続けてきました。私は1996年に『老人を殺すな！』（ロングセラーズ）という本を書いているのですが、その本で述べた同様の主張は、今でもほとんど通用すると思っています。

　また、アメリカで最もポピュラーな精神分析学派である自己心理学の国際年鑑『Progress in Self Psychology』に日本人の精神科医は1人しか論文を掲載されていないのですが、私がその1人なのです。そのため私は、アメリカで最も古い精神分析の雑誌『Bulletin of Menninger Clinic』の自己心理学部門のブックレビュワーにもなっています。

精神分析学会に30年以上所属していますし、業績や留学経験などから考えても、私は40歳ぐらいで同学会の座長になれるはずでした。

しかし、いまだにそうしてもらえないのは、異端だと考えられているからです。ちなみに精神分析学会は、留学経験や英語の論文発表の実績などがほとんど問われなかった人たちが運営しているのです。

そうした理由もあって、私は権威のようなものとはほとんど無縁に生きてきました。映画監督もそうです。海外では賞を取ることができましたが、日本では一つも受賞したことがありません。

いわゆる偉い映画監督とか偉い学者には全然なれていませんが、映画なら映画で、たまたま外国で評価が得られたとか、医者なら医者で、患者さんに信頼されたとか、そういう体験があるから今までやってこられたのだと思っています。

そう考えると、医療業界のようなタテ社会に埋もれてしまっては真の充実感は得られない、つまらない人生になってしまうと、早い段階で気づけたことが大きかったと思います。

仮に世間的な「勝ち組」の東大医学部教授になったところで、老年期にさしかかって「何のために頑張ってきたんだろう」とむなしさを感じていたかもしれません。天下りをしても、前述のようにせいぜい70歳前後で引退することになるでしょう。

人生100年時代。たとえ世間的な「成功」を収めても、その後の人生でただただ昔の肩書を振りかざすのだったら、意外とむなしい人生になってしまうのではないかと考えています。

コロナ禍で垣間見える日本の病理①「一律好き」

この国のコロナ対策がうまくいっているのか、まだ何とも言えませんが、コロナ禍によって、日本という国の真の姿が浮かび上がってきたとつくづく感じています。多くの国民が、マスクをしてほしいと言われれば従い、自粛要請が出されれば自粛する。本当に一律が好きな国民性だなと思わされます。

新型コロナ感染が再拡大するなか、マスクを着けて職場に向かう人たち
（2020年11月19日＝東京都中央区）

たとえば、「65歳以上の高齢者は旅行に行かないで」という小池百合子都知事からの「要請」がありましたが、本当に65歳から感染しやすいのか疑問です。これまでの新型コロナウイルスの感染と発症の推移から考えると、恐らく感染しやすいのは75歳以上ではないかと思います。これも、高齢者が誤ったイメージかつ一律で見られている例だと思います。

同じように、幸せの形や、人がやりがいと感じるものも一律に決められるものではありません。そういうものは、個々人によって大きく異なるからです。そして、それらは一人ひとりが、建前ではなく、本音で決めるべきだと思います。

自分で決められないのは、やはり社会や世間の目を気にして、他人から自分がどう見えるのかということを考えすぎているからでしょう。繰り返しになりますが、そのような考え方では老年を迎えても幸せになれません。

コロナ禍で垣間見える日本の病理②
「根性論」

ほかに、コロナ禍によって明らかになった日本の悪習として、根性論が挙げられます。たとえば、感染対策でテレワークが推進されています。しかし、まだまだ半数以上の会社が導入できずにいます。業種によって難しいところもあると思いますが、「仕事は会社に出社してするもの」と考える企業が少なくありません。

働く人の半数近くが第一次、第二次産業に従事していた昭和50（1975）年ころまでと考え方が変わっていないのです。

根性論は、恐らく昭和10年代ぐらいから生まれた考え方だと思っています。そして、根性でなんとかするという文化が拡大しだしたのは、第二次世界大戦になってからだと思います。

日露戦争のあたりまでは、日本の対外戦争は政治の延長上で行われていて、いかに要領良く勝つかとか、勝っているときにいかに上手くやめるか、ということを考えていました。戦略を練りに練ってから戦争をはじめていたし、常に最新情報を収集して、総合的に戦況を分析していました。

あくまでも私のイメージに過ぎませんが、第二次大戦で日本軍が負けはじめた昭和18（1943）年ぐらいから精神論、根性論がひどくなっていったような気がします。「特攻隊」は、精神論、根性論の最たるものでしょう。

特攻隊がはじまった当初は、一番腕のいいパイロットが搭乗していました。護衛機もつけて特攻攻撃をさせていたのです。それが、ある時期からやり方が乱暴になり、精神論が強調されて多くの若者の命を無駄にしました。その反省もなく、精神論、根性論だけが日本の社会に残ってしまったようです。

私は根性論で育てられた人ほど打たれ弱いと思っています。

たとえば「鉄緑会」という東大受験専門の指導塾があります。東大医学部同窓会・鉄門倶楽部の「鉄」、東大法学部の緑会の「緑」を取って名付けられています。40年ぐらいの歴史があり、今も同じ方針かはわかりませんが、私の見たところ中高一貫で根性での詰め込み教育をする傾向にあると、危惧しています。確かに勉強量で圧倒していれば、東大に合格することは難しくないでしょう。

しかし、勉強のやり方を工夫したことがない上に、教師に逆らった経験もないだろうから、東大に進学しても結局、将来の〝忖度官僚〟や、医学部教授の後ろをついて回るような医師を大量に生み出すだけになってしまうようです。頭の悪い秀才をつくってしまう背景には、まさに根性論で教育するシステムそのものがあると思います。

しかし、時代は根性でなんとかできるような世の中ではありません。スポーツでも、今では根性論ではなく、データ分析で教える時代になりました。

たとえば、メジャーリーグでは、スタットキャストというボールを追尾する軍事用レーダーが全球場に入れられています。このスタットキャストによって、投手の球の速さだけでなく、回転数やコースなども細かくわかるようになっています。さらに打者についても、打球の速さやバットの角度などのデータが入手できます。

このスタットキャストを導入してから、1年で20本以上のホームランを打った人は、ほぼ倍増しています。なぜならば、データ解析によって、ホームランになりやすい打球の速度や角度がわかったからです。打球速度が時速１６０㎞で、バットに27度の角度で当たると、ホームランになる確率は52％にもなります。このため、メジャーリーガーの各バッターは、球に対してバットが27度の角度で当たるように練習をしました。

成功するやり方をデータで分析して、それを練習するのが現代スポーツの主流です。そこには根性で勝つという思想はありません。

ところが、日本の受験勉強の場合、ほとんどが成功するやり方を教えないまま、根性だけで教育をしようという風潮が今でも少なくありません。根性論は、その場の問題に柔軟に対処する方法を探す能力を失わせます。むしろ、成功した理由がよくわからないので、「俺は賢い」「俺は根性がある」「俺は心が強い」などと、自分にすごい能力があるように勘違いをしてしまいます。このような教育を受けた人たちは、本当に難局に立たされると何もできないのです。

評論家の古谷《ふるや》経衡《つねひら》さんは、親から根性論で教育を受けていたそうです。彼も後悔を込めて言っていますが、合理的なやり方で勉強をさせれば、自信を失ったり、勉強を嫌いになったりする子どもはそんなにいないはずです。私もその通りだと思います。

アマゾンレビューで見えた日本人の「認知症＝不幸」バイアス

以前、『自分が高齢になるということ』（WIDE SHINSHO）という拙著が売れたときに、介護福祉などにかかわっているという方からのアマゾンレビューがありました。要点をまとめると次のようなものです。

「希望を持つことは大切だが、現実逃避のように感じる」
「情緒的な満足感にひたっていることが一番いけない」
「認知症が進行した人で幸せそうにしている人をほとんど見たことがない」

しかし、このレビューの内容は、私が知っている施設関係者が話す実態とは大きく異なっています。私は認知症が重くなっている人で、不幸そうな人をほとんど見たことがありません。

これまで、認知症の人は症状が進行すればするほど多幸的になると述べてきましたが、一つだけ例外があります。それが、施設の人が認知症の進行した人を虐待したときです。いくら認知症の人でも殴られたら痛いと感じます。そして、いくら認知症が進んでいる人でも、相手の言っている言葉がわかれば、自分のできないことや癖などについて暴言を吐かれるのはつらいものです。

このレビューを書いた人が施設で虐待にかかわっていると言うつもりはありませんが、内容について公開討論を希望するのであれば、私はいつでも受けて立つつもりでいます。

そして、もっと大きな問題が、このレビューが一番上に掲載されているということです。つまり、多くの人がこのレビューの内容を信じる傾向にあるのです。

確かに、認知症の人は外から見ると不幸かもしれません。便を食べたりする人もいます。しかし、主観的に幸せなのかどうかは別問題です。認知症が進めば進むほど不幸だというのは、本人の主観を無視した決めつけに過ぎません。

本人の主観的な幸せは、前述のように行動経済学の考え方から言えば、参照点との「差」に反応します。このため、もともと貧しかった人のほうが、施設に入ってご飯を食べたときにおいしいと感じますし、施設の人の親切さに感動します。ところが、もともと豊かだった人のほうは、以前の待遇よりも下がるので、逆に不幸に感じてしまうのです。

ちなみに、このレビューでは、施設はお金持ちには丁寧に接するけれども、生活保護寸前の人には対応が自然と悪くなるとも言っています。つまり、お金がある人のほうが優遇されると言っているわけです。これは、この人が知る施設の問題なのであって、認知症の施設全般に当てはまる話ではありません。

こうしたレビューが、何の疑いもなく最も支持されるというのが日本の現状だと思います。

別の言い方をすれば、今の世の中は、認知症にかかっている人の主観をまったく無視した意見を「役に立った」と評価する傾向にあるのです。

認知症がからんだ事件に検察が消極的な理由

東京・池袋で元高級官僚が自分が運転している車を暴走させて、横断歩道を歩いている母親と子どもをはねて死亡させたという事件がありました。そのときに、容疑者を逮捕せずにいたことが、「上級国民」だったからではないかという噂がまことしやかに流されていました。

しかし、逮捕されなかったことは上級国民うんぬんとは関係ないと私は思っています。私が検察や警察関係者に聞く限りでは、怪我をしている上に、88歳の高齢者であることから逃亡の恐れがないため逮捕されなかったということです。

実際のところ、こういった事件に日本の検察はあまり介入したがりません。

よく精神鑑定を受けて無罪になる人に対して、精神障害を持っているのは得だと言う人がいます。確かに殺人を犯した人はそうかもしれません。しかし、いわゆる窃盗罪のような犯罪の場合、精神鑑定を受けるのは、犯罪を認めたということにほかなりません。だから、検察から言えば、容疑者が罪を認めたので不戦勝になるのです。

そういった理由から、検察はなるべく精神鑑定を受けさせて、それ以上取り調べをしないで済ませるという手抜きをしています。重大事件のみならず、軽い罪でも供述が曖《あい》昧《まい》だったりすると、鑑定を受けさせて、精神障害ということに収めようとするのです。

これが、容疑者が否認する場合では、精神鑑定になりません。しかし、罪を認めれば精神鑑定になるため、検察と弁護士による取引が行われるのです。

そういう意味で、容疑者が高齢者で認知症が疑わしいというケースでは、検察は積極的に介入せず、認知症と判断されるように働きかけるケースが現実にはたくさんあります。

生きる・死ぬは自分で決めるべきである

年を取ることのメリットは、世俗の価値観や社会的な義務から解放されることです。そういった責任や義務からの解放というもののなかには、「自分の命を自由にしていい」という命題も入っていると私は考えています。

たとえば、死ぬ間際まで点滴はしない、延命治療もしないという自己決定権というものがあります。

実際は自己決定ではなくて〝家族決定〟なのですが、ある一定の年齢になって、自分が死ぬことによって他人に迷惑をかけないのであれば、その人が生きる・死ぬを決めていいと思います。長生きをするためにいろいろなことを我慢するのは、果たしてその人にとって幸せな選択なのか、じっくり考える必要があるでしょう。

もちろん、110歳まで生きるということだけが生きがいという人はそれでもいいと思います。しかし、そこまで長生きしたくないと思っている人も、少なくないはずです。

認知症の人に安楽死を求める愚かさ

しかしながら――。

「ボケてまで生きているのは尊厳がない」

「自分が自分でなくなるのだから生きている意味がない」

そういった理由から、認知症の人に対して安楽死を許そうとするのは、おかしな風潮です。

本来、安楽死は安楽になるための死ですから、いわゆる痛い病気とか呼吸が苦しいとか、生きているのがつらい時に死なせてくれという考え方です。

ところが、日本の場合だと、認知症になったら安楽死を選ばせようという風潮があります。認知症は痛くも苦しくもなくて、本人からすると幸せな状態なのに、人に迷惑をかけるから安楽死をさせる、あるいは、見栄えが悪いから安楽死させるという考え方に基づいているのでしょう。

「恥をさらしたくない」

「人に迷惑をかけたくない」

そういった意識が働いてしまうのが、日本人の安楽死観です。

日本人にとって恥の感覚は二重性があって、自分が所属している共同体から外れたところで行われた恥は意識しない傾向にあります。

たとえば、「旅の恥はかき捨て」という言葉があるように、どんな恥をかいても、相手がどこの誰だかわからなければ問題がないとみなされる社会です。

ところが、自分が影響を受けるようなことに対しては、急に「みっともない生き方をするな」と言い、「外から見て見栄えが悪い奴は生きる価値がない」とまで言うのです。

こうした風潮を見るにつけて、尊厳とは何なのか、実際に説明できる人はほとんどいないのではないかと思わされます。

高齢者向けサービスが、あまりに貧困な日本

２０２０年9月現在、65歳以上の人口は３６１７万人で、全人口に占める割合は28・7％になっています〈図表⑦〉。

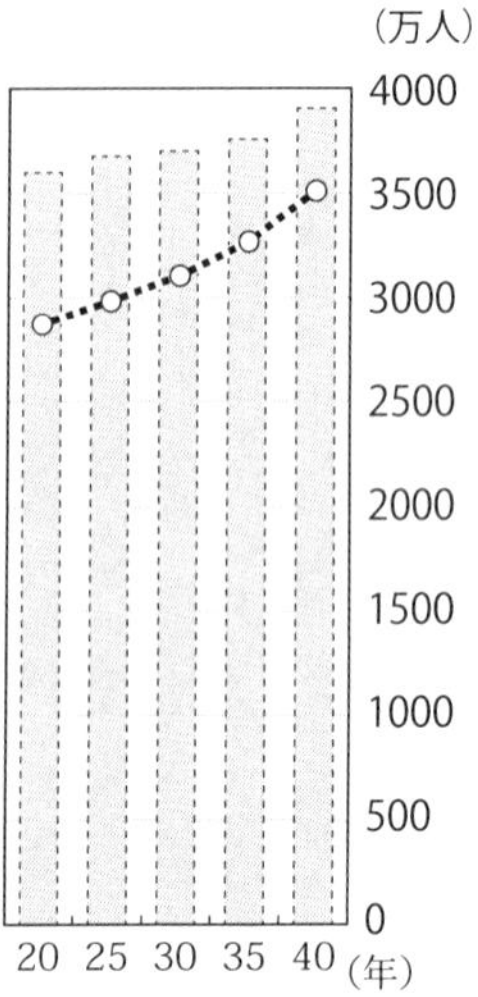

⑦ 増え続ける高齢者人口の割合

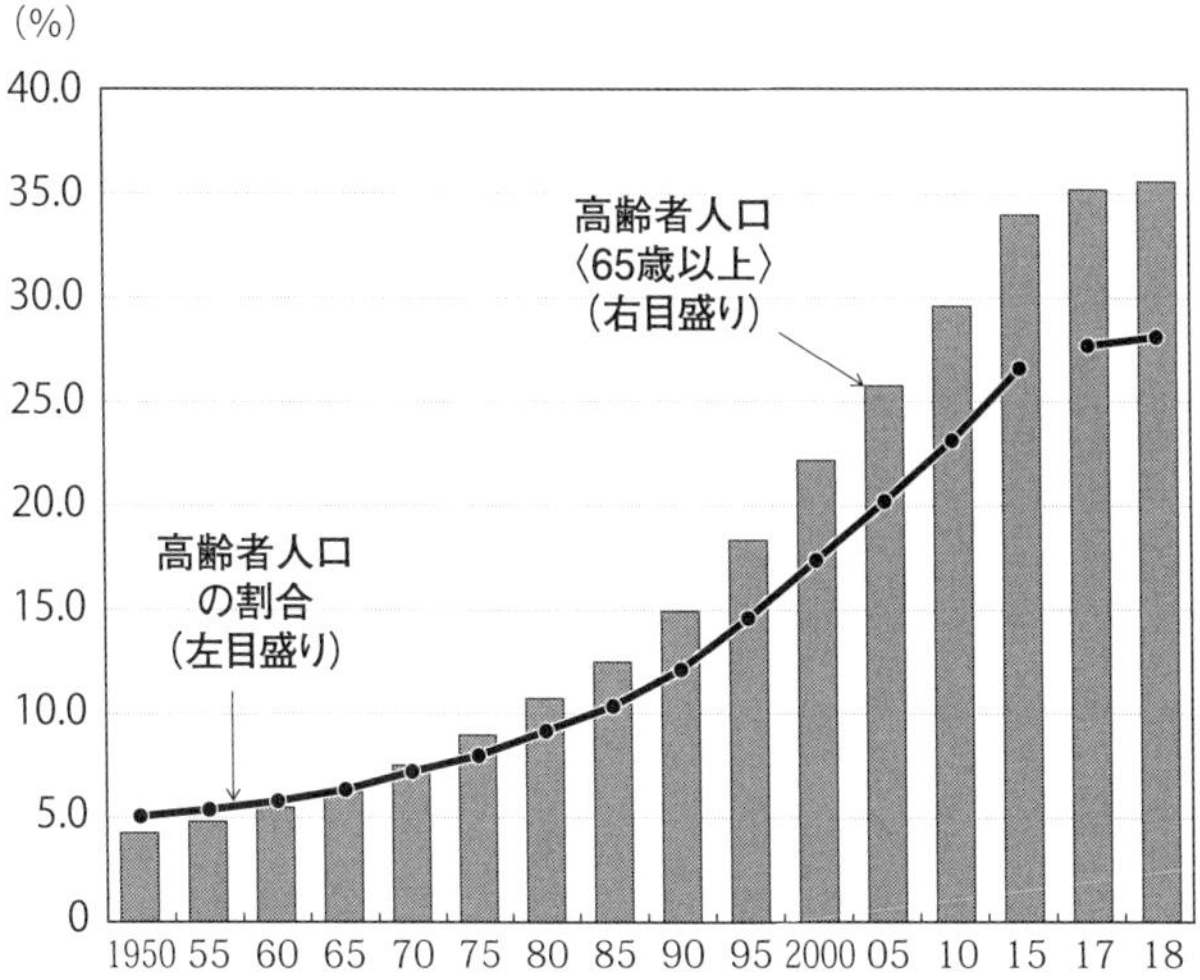

資料：　1950年～2015年は「国勢調査」、2017年及び2018年は「人口推計」
2020年以降は「日本の将来推計人口(平成29年推計)」出生(中位)
死亡(中位)推計(国立社会保障・人口問題研究所)から作成

注　1) 2017年及び2018年は9月15日現在、その他の年は10月1日現在
2) 国勢調査による人口及び割合は、年齢不詳を按分した結果
3) 1970年までは沖縄県を含まない

出典：総務省統計局のデータ

人口の約3割が65歳以上の高齢者になっている時代にもかかわらず、日本は高齢者向けのビジネスが本当に貧困だと思っています。

一般の高齢者をターゲットにしたものといえば、健康食品や介護、医療くらいでしょうか。彼らに本気でお金を使う気にさせるビジネスがほとんどありません。

顕著な例が自動車業界です。

私が日本を代表する自動車メーカーの社長だったら、すぐさまこう宣言します。

「高齢者が事故を起こさないような車をどんどん開発します。だから、高齢者から運転免許を取り上げるのをやめてください」

さらに、免許を取り上げようとする世論をつくるワイドショーとは逆の番組のスポンサーにつきます。そこでは、次のような内容を訴える番組を制作するでしょう。

「高齢者から免許を取り上げると要介護率が増えて、その分の社会保障費が増える」

「高齢者は運転をしたほうが認知症を進行させずに済む」

「高齢者でも運転できるこんな車が出ています」

高齢者の事故がクローズアップされた際、自動車メーカーにとっては高齢者向けの車をつくるチャンスだったにもかかわらず、積極的には声を上げませんでした。なかには、高齢者が運転しても大事故になりにくい、アクセルの踏み込み防止装置を開発するところもありましたが、高齢者向けの革新的な商品は発売されませんでした。

その結果、免許を取り上げるような政策提言がまかり通ってしまい、ビジネスチャンスを失うことになったわけです。

日本の本格的なモータリゼーションは、昭和40年代からはじまっています。現在では、男女問わず80代の高齢者でも、当たり前に田舎を軽自動車で運転しているのです。

そうした事情を直視すれば、高齢者を対象にした自動車づくりが大きなビジネスチャンスだと気づくはずです。

引きこもりにならないために

お隣の韓国でも近年、高齢化率が急激に上がっています。ところが、日本と違うのは、韓国は高齢者向けのビジネスが発展しているということです。

「Colatec」という韓国のディスコには、コロナ禍以前では平日で約1000人、休日では約2000人の高齢者が集まっていました。入場料は約100円で、提供される飲み物で人気があるのは健康にもよいヨーグルトのドリンクだそうです。このディスコは韓国に1000店もあるようです。

実は韓国は、2010年ぐらいから高齢者の自殺が急激に増え、人口10万人あたり、82人に達してしまいました。これはOECD加盟国の平均である22人よりも、はるかに多い数字です。

その原因として挙げられる問題が引きこもりです。そうした背景から、「Colatec」のようなディスコの存在は、高齢者の孤立と老人性のうつ病を防ぐことにも役立っていると言われています。

日本のディスコブームを考えてみると、映画の『サタデー・ナイト・フィーバー』が公開されたのが、1978年の夏でした。若者の人気を集め、1960年代のダンスブームを再燃させた映画とされています。

つまり、私たちよりも10歳ぐらい上の人たちが初期のディスコブームの担い手になっていたということですから、今の70歳前後の人たちがディスコ世代に当たると考えられます。

要するに、高齢者向けのディスコのようなサービスが日本にも流行る素地があるのに、それをやろうとしない。日本企業のダメなところだと思っています。

高齢者＝童謡好きという誤解。本当に聴きたいのはビートルズ

デイサービス（通所介護）は、「高齢者を自宅に引きこもらせない」「身体機能や脳の機能が低下しないようにリハビリをする」「体を清潔に保つ」、そして「家族の負担を軽減させる」などを目的としてはじまりました。

初期の頃はよく、高齢者に童謡を歌わせていました。ところが、童謡では楽しくないという高齢者が多かったのです。

では、どういう音楽なら高齢者が喜ぶのかといえば、自分たちが現役時代にカラオケで歌っていた曲なのです。それが20年前の歌なのか、40年前の歌なのかはわかりません。

自分たちがカラオケで歌っていた曲、たとえば「襟裳岬」だったり、「昴」だったり……。そういう人たちが楽しめるような歌でなければ、本来のデイサービスの役目からすれば、その機能を果たせなくなると言ってもいいでしょう。

今はビートルズ世代が70代になっています。昔からビートルズの〝応援団長〟になっている音楽評論家の湯川れい子さんですら80歳を過ぎています。そのビートルズ世代が70歳、80歳になっているので、それこそデイサービスで「Let It Be」を歌うぐらいのほうが高齢者は喜ぶと思います。

昔のハードロックを享受している人たちは、むしろ高齢者なのです。だからもしかしたら、ハードロックカフェに連れて行ったほうが、好奇心が刺激されて、身体機能や脳の機能が低下しないようなリハビリができるかもしれません。このように、時代が進歩しているのに、高齢者には同じようなサービスを提供しておけばよいというバイアスがかかっているのが問題だと思います。

「なんばグランド花月」で見えること

脳の老化によって、脳内の神経細胞同士のコミュニケーションが衰えていきます。その結果、注意を持続したり、意図したことを計画的に実行したり、状況の変化に応じて柔軟に実行したりすることができなくなるという症状が起こります。こうした特徴に加えて、もう一つ、刺激が強いものでなければ集中することができないというものもあります。

実際、前頭葉も衰えるので、若い人が面白がっているものに年を取ると反応できないという現象があると思います。たとえば、ひな壇芸人の芸が笑えなくなるというのは、脳の老化現象の側面と言えます。しかし、だからといって高齢者がまったく笑わないかといったら、もちろんそんなわけはありません。

たとえば、大阪にある「なんばグランド花月」に行くと、お客さんの平均年齢は70歳ぐらいに見えますが、みんな大笑いをしています。つまり、高齢者を笑わせることができるものこそが本当のプロの芸であって、脳に強い刺激を与えるものなのです。

そう考えると、ひな壇芸人の芸は、概して〝箸が転んでもおかしい〟若者しか笑わせられない低刺激のものと言えるかもしれません。


綾小路きみまろさんという芸人がいます。中高年の悲哀をネタにした毒舌漫談で知られていますが、中高年のみなさんは思わず笑ってしまう。これは恐らく、自分の過去の記憶が強く残っているからです。それを聞いて、そういえば自分も知らず知らずのうちにそういう行動を取っていた、と思い出して笑ってしまうのです。

なんばグランド花月の吉本新喜劇のネタも、短い言葉のやり取りや目でわかりやすい動きが特徴です。過去の記憶を蘇らせるような刺激や、見た目にもわかりやすい刺激は、老化した脳のリハビリにちょうど良いのです。

エリートの高齢者をなぜ社会発展に活用しないのか？

「高齢者は高度なことが理解できない」という考え方も、そろそろ改めたほうが世の中にとって有益だと思います。

例として、順応性についてお話ししましょう。

現在65歳の人で携帯電話が使えない人はほとんどいません。恐らく、70歳ぐらいまでは同じだと思います。

しかし、携帯が世に出た当初、高齢者は絶対に使えないと思われていました。私が若い頃の例で言えば、50歳を過ぎた人は、コピー機を絶対に使えないと思われていたことになります。ところが、実情は違います。このギャップは、スマートフォンにも、パソコンにも当てはまります。

今の世の中では、65歳から74歳までの前期高齢者も、パソコン世代に当たります。実際、そうした人々は高い順応性を示しているのです。

時代が移り変わるにつれて、これから高学歴の高齢者がたくさん世の中に出てきます。ましてや団塊の世代（１９４７年から49年生まれ）は、厳しい受験を体験しています。一

団塊の世代は、予備校の食堂で席を確保するのもなかなかの「競争率」
（1967年＝東京都内の予備校）

学年の人数が今の2・5倍いて、そのなかで大学の進学率は今の3分の1以下、16・1%だったわけですから、大学を卒業しているだけでも、かなりのエリートとして社会は認めました。この層が日本の経済と文化を牽引したのです。

こういった能力の高い人々を社会発展やビジネスに活用する視点が、日本社会に欠けているのが不思議でなりません。

相続税100%が日本の財政問題を解決する

日本政府は内需拡大を目指すと言っていますが、もう30年近くそのことが実現できていません。その背景に、個人消費をどのように活性化するかという点に考えが及んでいないことがあります。相続税を100%にすれば、高齢者の消費は大幅に増えるでしょう。そのための商品の開発も進むわけですが、欧米やアジア、すべての国で高齢化が進むので、これによって経済の国際競争力が上がっていきます。

2010年前後は、日本の家計における金融資産残高はおよそ1600兆円ありました。それが、日本銀行が２０２０年12月21日に発表した「２０２０年７－９月期の資金循環統計」では、金融資産は９月末（第３四半期）時点で１９０１兆円になり、過去最高を更新しています。

わずか10年で、３００兆円あまりも増えた計算になります〈図表⑧〉。土地の資産もおよそ１２００兆円あるので、それらを合計すると３１００兆円にのぼります。

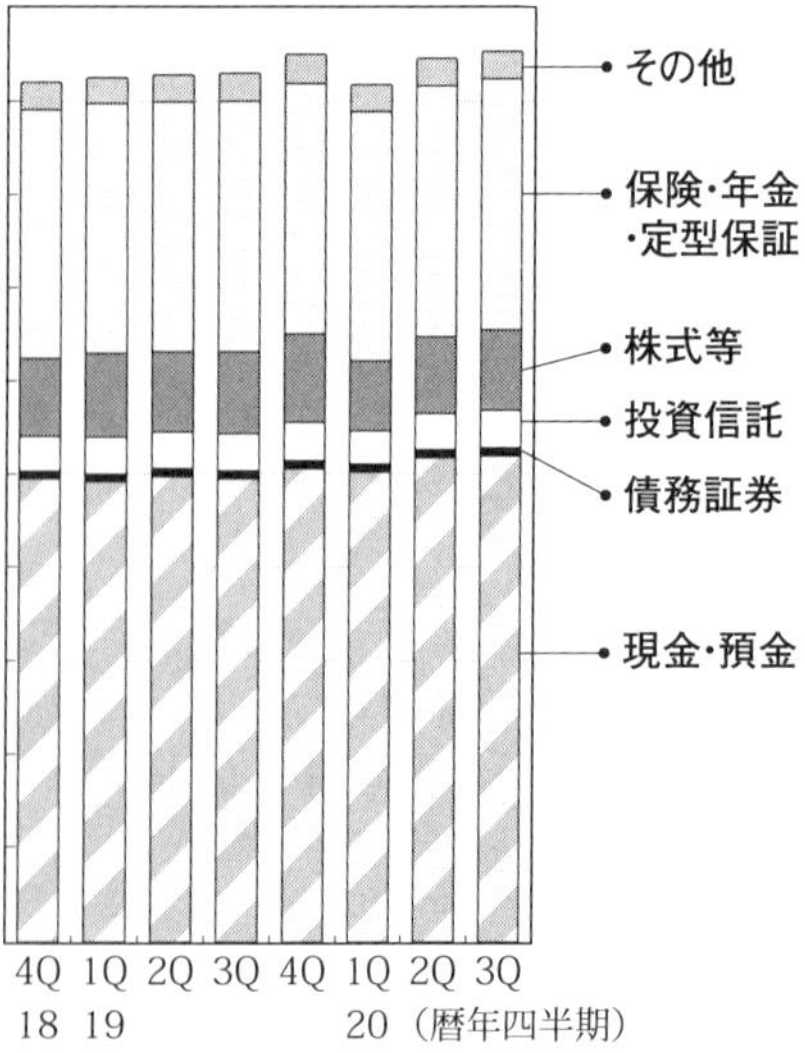

　そのうち３％にあたる約90兆円は毎年相続されているので、相続税１００％にすれば、そのすべてが国庫に入ります。少なくとも、約20兆円の歳入がある消費税は撤廃できるでしょう。

⑧ 10年で約300兆円増加した家計の金融資産残高

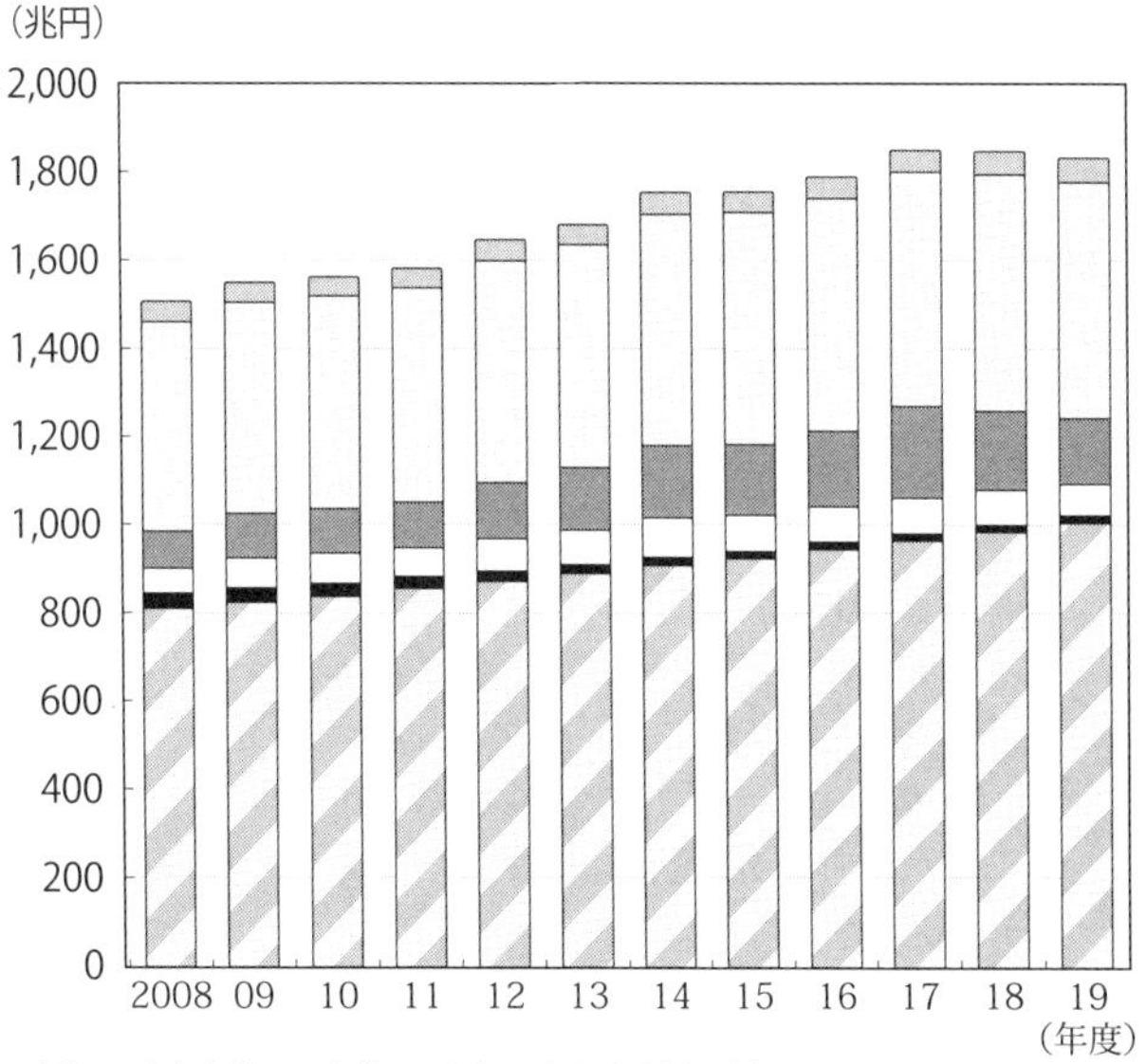

出典：日本銀行「2020年第3四半期の資金循環（速報）」

さらに、社会保険料もほとんど払わなくて済むようになります。現在、給料から1割も2割も社会保険料を天引きされる形で、私たちが国の社会保障制度を維持しています。それも相続税100%であれば、支払う必要がなくなるでしょう。

また、日本の借金問題も、相続税100%で解決します。前述のように、日本の借金は現在1100兆円にのぼります。この借金を次世代に負担させてはいけないという議論がされていますが、相続税100%にすれば、個人金融資産だけでお釣りがくるくらいです。

こういうことを言うと、次のような出まかせを言う人がいます。

「相続税100%にすると起業する人がいなくなる」

これは起業のための動機を履き違えています。子どもに財産を残そうと思って起業する人はいません。誰だって自分が幸せになりたいと思うから起業するのだと思います。むしろ、ビジネスが成功しだして、ある時期からお金を使い切れなくなることで、子どもに残してやろうという気持ちが湧いてくるのではないでしょうか。

マイクロソフトの創業者であるビル・ゲイツ氏や、Facebookの創業者であるマーク・ザッカーバーグ氏は、財産の99%を寄付すると言っています。彼らは会社を大きくしていますが、それ以上に社会的に寄付している部分も大きいのです。

ところが、日本の場合はどうでしょうか。日本ではそのような起業家はあまり見かけません。

ソフトバンクの孫正義さんや楽天の三木谷浩史さんは、今後、どうするのでしょうか。

新型コロナウイルスの感染拡大の影響によって、持てるものと持たざるものの経済格差は大きく広がっています。

その背景に、対面業務がメインになる飲食業やサービス業が打撃を受けて、失業者が増加した一方で、株などの資産を保有する富裕層の資産価値が増えていることが挙げられます。こうした状況が続けば、今後、国の関与による富の再分配が世界のトレンドになるかもしれません。

テレビ局は番組編成を高齢者向けに変えるべき

変わりゆく高齢者像を一番捉えていないのは、テレビ局の人たちだと思っています。

いわゆるギョウカイ人たちは、いまだに高齢者が朝は早起きで夜は寝ていると考えています。

ところが、ラジオ深夜便はどうでしょう。夜遅くの放送にもかかわらず、高齢者にとても人気があります。実際には、ホワイトカラーを引退した多くの高齢者たちは深夜24時を過ぎても起きているのに、深夜は若者しか起きていないと思われているのです。それを表すかのように、夜の時間帯は、テレビ番組でもラジオ番組でも若者向けのものがほとんどでしょう。

もっと言えば、若者のライフスタイルも理解できていないように思います。実際、多くの若者はテレビやラジオには関心を示さず、パソコンを見たり、スマートフォンをいじったりして、動画サイトに熱中しています。

仮に私がテレビ局の編成の担当者であれば、視聴率をトップにできる自信があります。他の番組でやっていないことをやるというのが、視聴率を取るための秘訣なのです。ほとんどの局が選挙結果を放送しているときに、いつも通りの番組を放映していたテレビ東京もその一例だったかもしれません。

深夜にニュース番組や高齢者向けの番組を放送すれば、視聴率のトップを取ることは可能だと私は信じています。

高齢者の実像とイメージがどんどん乖離している

日本の人口における高齢者の割合が増加するにつれて、世間のもつ高齢者イメージと実像の乖離《かいり》が広がっているように思います。

今や地方でも、リタイア後に野菜や花を育てて、それ以外はほとんど家にいるというようなかつて典型的と思われた高齢者はいないでしょう。自動車でイオンモールやユニクロに行くなど、現役世代とほとんど変わらないライフスタイルを送っているのです。

しかし、多くの人は、高齢者に対してそういったイメージをもっていないのではないかと思います。

そうした高齢者に対する実像とイメージのギャップがあるからこそ、先述した運転免許の取り上げや、65歳以上は旅行自粛といったおかしな政策が行われるのでしょう。

では、活動的な高齢者に合わせて東京・巣鴨みたいな「お年寄りの街」を各地につく

郊外の大型ショッピングセンターは2000年ごろから数も規模も増大した。「クルマ社会」の本格化もあり、「イオン」オープン時の駐車場はこのような状態に（2007年10月＝鹿児島市）

ればいいのかというと、そうでもありません。恐らく巣鴨のような街は、現代の多くの高齢者は行きたいとは思わないでしょう。それよりも、車で大型のショッピングセンターに行って、アパレルや雑貨を見て回るというのが実情だと思います。

マクドナルドとサイゼリヤ

私がアメリカに行って驚かされたことの一つに、高齢者のマクドナルド文化があります。

午後3時ぐらいにマクドナルド店に入ってみると、いろいろな高齢者のグループの溜まり場になっていて、楽しそうに会話していました。アメリカの高齢者にとって、子どもの頃から慣れ親しんだマクドナルドは、食事をしたり、会話を楽しんだりする場所として最適なのでしょう。そこでは1ドルでコーヒーが飲めて、3時間でも4時間でもいることができます。

当時、数十年後にはマクドナルドが日本でも高齢者の間で流行して、同じ光景が見られるだろうと思ったものですが、本当にその通りになりました。

日本にはマクドナルドを含め、安く、長時間いられる店がたくさんあります。そういった空間が、老若男女の社交場になっているわけです。

そういった場所に集まっている人々は、コーヒーだけでなく、ポテトやピザなどのジャンクフードも抵抗なく食べます。〝サイゼリヤ飲み〟というのが最近では流行っているそうですが、どんなものであれ、安くて美味しければ、お年寄りも利用するのです。

これも、一般的な高齢者のイメージと異なるものではないでしょうか。

デフレ経済によって高齢者は贅沢を感じられる

高齢化によって生産人口が減り、経済が鈍化すると言われていますが、私はそんなことはないと思っています。

お金を持っている高齢者向けのビジネスがもっと成長すれば、世界でも有数の個人資産保有国である日本は、十分に経済が循環するはずです。

また、現在、日本政府はインフレに誘導していますが、デフレ経済や価格破壊経済は、高齢者にとってみれば追い風だと思っています。

私は1960年生まれなのですが、当時は牛肉の輸入が自由化されていませんでした。そのため、牛肉はとても高価なものというイメージがあり、そのころ、焼肉を食べに行けば一人1万円近くもかかっていたようです。本当に特別な日にしか食べられなかった記憶があります。

しかし、1991年に牛肉の輸入が自由化されると、さまざまなチェーン店が展開されました。牛角のフランチャイズ1号店の開店は1997年でしたが、そこから一気に店舗数を増やし、低価格の焼肉がどこでも食べられるようになりました。

私たちの世代にとって、焼肉や寿司は憧れの食べ物ですが、今の若い人たちは、もっと品質の良い食事で育っていますし、肉でもなんでも普段から気兼ねなく食べている人が少なくありません。

企業にとっては、価格が安く、しかし味も品質も高いグレードのものでなければ選ばれないという厳しい競争の時代になりました。

私が札幌で一番好きな味噌ラーメンで「らーめん信玄」という店があります。この間、たまたまテレビをつけてCMを見ていたら、回転寿司のスシローが信玄監修の味噌ラーメンを380円で提供していました。今や回転寿司は美味しいラーメンまで品ぞろえする時代になったのです。

ともあれ、企業にとっては厳しい時代ですが、消費者にとってみればこんなにうれしいことはありません。特に、肉や寿司を贅沢だと思っていた高齢者にとっては夢のような時代ではないでしょうか。厚生年金や企業年金を受給できる人であれば、少し貯金を取りくずしていいと思うだけで、かなりの贅沢ができる時代になっているのです。

第4章　心をラクにして生きる方法

「勝ち負け意識」を捨てた先に真の充実感が味わえる

実を言うと、40代ぐらいまでの私は、少なくとも大学の同級生のなかでは負け組のなかの負け組でした。当時、同級生たちは医学部の准教授や大きな病院の部長に昇進している人も少なくありませんでした。なかには東大教授候補にまでなっていた人もいました。そういうエリート中のエリートが活躍しているなか、私はと言えば常勤の医師を辞め、これから何をしていくべきか考えていた時期でした。

ところが、50代ぐらいになってから、周囲も私も少しずつ状況が変化しはじめます。

ある同級生は、東大医学部をトップで卒業し、エリートコースをずっと走っていました。彼は当初、糖尿病の研究者でしたが、アメリカに渡ってアルツハイマー型認知症に専門を変えました。そして、さらに業績を上げて、日本の研究所に指導者として引き抜かれたまでは順調だったのですが、アメリカのボスから資料を持ち出したとしてスパイ容疑で訴えられ、エリートコースから外されてしまったのです。

その後、彼は病院の勤務医として再び糖尿病の研究・治療に戻りました。

そこで彼が注目したのが、2008年にアメリカで発表されたACCORD試験です。この試験では、2型糖尿病患者の心血管症状の死亡率や重度障害などの血糖コントロールの効果を、高齢者と若年者で比較しました。

すると、血糖値を高めでコントロールしている人のほうが、無理に正常値に戻す人よりも生存率が高いという結果が出たのです。

そうしたデータ分析結果を日本で初めて書籍で紹介し、やがて開業医として成功しました。

彼の息子さんはバイオリニストで、現在は日本でも期待されている音楽家として成長しています。もし、彼が日本の研究所で指導者になり、東大の教授にでもなっていたらどうでしょうか。恐らく自分の息子に音楽の才能があったとしても、その息子を医学部に入れようとしたかもしれません。また、東大の給料ではバイオリンの英才教育はとても無理でしょう。彼自身、世間的なエリート街道を外れたことによって、自分と家族にとって真の幸せを見つけられたのではないでしょうか。

現在は、家族と幸せに暮らしています。

私も50代以降、同級生から「和田はいいよな。これからも、ずっと和田でいられるからな」と声をかけられるようになりました。完全に負け組だった私からしてみれば、とても不思議な感覚です。

40代の頃は、新しくはじめた教育事業が軌道に乗り、文筆家や映画監督としても、私はまだまだ上を目指せると思っていました。ゆくゆくは社会的な地位もついてくるだろうと考えていましたが、同時に「どうせ競争社会のなかでは勝てないから、好きに生きよう」といい意味で開き直った気持ちもありました。

徐々に後者の気持ちが強まって、「よし、和田秀樹という名前で生きていこう」と決めたのです。それが60歳になった今、「それほど間違っていなかったな」と思えるようになりました。

私は他人から羨ましがられるような人生を歩んできた人間ではありません。灘高校のときも、東大医学部のときも、どちらかといえば落ちこぼれでした。

起業して教育事業をスタートさせましたが、一時期は好調だったものの、少子化とともに収益が下がっていきました。

今でも、決してお金持ちになったわけではありません。社会的地位だってありません。他人から羨望を集めるような人生ではないのです。

それなのに、なぜか「世間に縛られない生き方が羨ましい」と言われるようになったのです。肩書や社会的な地位を求めずに、自分のやりたいことをやろうと開き直れた結果だと思っています。

面白いか、面白くないかを人生の判断基準にする

会社組織で働いている人は、どうしても自分のことよりも周囲に目が向いてしまう傾向にある気がします。

「誰々と比べて私はまだ良い」

「あいつよりは、俺のほうがずっと優れている」

そういった「勝ち負け」の意識が働くからでしょう。

特に男性は、周りとの比較で仕事のモチベーションが上がるという人が多いので、どうしてもその思考に陥りがちです。

しかし、老年になってくると、その勝ち負け思考が自分を苦しめる原因になりかねません。

現実問題として、体力面で現役世代と競争するのは難しくなってきますし、競争をし続けるという意欲もなくなっていきます。その際、特に「勝ってきた」という自負が強い人ほど、負けが増える状況に大きなショックを受けるでしょう。

では、行動する上で何を基準にすればいいのでしょうか。

そこで私がおすすめするのが、「自分が心から興味を引かれるものに従う」ということです。心地よいことや面白いこと、幸せに感じることは人間が根源的に追求する一つの欲求でもあります。そして、そういったものを追求していく過程で、うれしい副作用があります。

それは、「不安にならなくなる」ことです。

人間の脳は、原則的に不安なことと心地よいことを同時には感じられません。つまり、面白いこと、楽しいことをやればやるほど不安の感情から遠ざかり、老年を楽しく迎えられるのです。

私はそういう生き方を、30代後半から続けてきました。37歳で病院の常勤職員を辞めてフリーランスになった際、今後の自分の人生は、「それが面白いか、それとも面白くないか」という基準で生き方を選ぼうと決めたのです。

なかには、「そんなことをしたら生活が成り立たなくなってしまうのでは？」と不安に思う人もいるかもしれません。しかし、面白いと思うことを選び続けた結果、映画もつくり、文筆家として執筆をし、現在もこうして本を出版することができています。食べるに困らないぐらいの収入もありますし、好きな時にワインを飲んだり、気兼ねなく遊んだりできる自由もあります。

しかし、勤務医として病院に居続けたらどうなっていたでしょうか。

私は面白いと感じるものが少なくないため、仕事にも身が入らず、不満やストレスを溜めることになったと思います。病気になっていたかもしれません。つくづくあの時の自分の判断は間違っていなかったと思います。

こう言うと、「才能があったから」とか「運が良かっただけ」と感じる人もいると思いますが、そうではありません。

面白いと感じるかどうか、自分自身が満足できるかどうかを行動基準にすることで幸せな人生を歩んでいる人たちは、私以外にもたくさんいます。

たとえば、スーパーボランティアの尾畠春夫さんは、別に「スーパーボランティア」として有名になりたくてなったわけではないと思います。

子どもを救出したことで、たまたま世間から注目されて、一気に有名になりました。しかし、本人も言っていましたが、別に有名だから、注目されるから、という理由でボランティアを続けているわけではないそうです。

有名にならずとも、名もない一人のボランティアとして、楽しみながら続けていたと思います。

九州豪雨のボランティアセンターに尾畠春夫さんの姿も（2020年７月＝大分県日田町）

地域の知られざる歴史を伝えるボランティア活動。神奈川県平塚市にある「渡し場跡」の石碑を見る参加者（2020年10月）

私などは、「スターになれてよかった」と思うわけですが、尾畠さんからはそういった雰囲気も感じません。尾畠さんのような生き方は、勝ち負け意識から最も遠いものと言えるでしょう。また、自分の故郷の歴史を学び、地域に密着したボランティア活動をしている人もいるそうです。自分なりの「面白さ」は、どこにいても見つけられるのです。

養老孟司さんに学ぶ理想の生き方

老年になって肩書や社会的地位にしがみつこうとすればするほど、自分の承認欲求を満たすために、周囲に対して威張るようになります。すると、みるみる人が離れていき、さらに孤立してしまうことが少なくありません。

大学教授のなかにも、肩書に固執する人がいます。そういう人たちは、肩書が自分のアイデンティティと思っているため、周囲に威張るわけです。もしかしたら、本心では威張りたいというわけではないのかもしれませんが、特にお酒が入ったりするとそれが表に出てしまいます。

一方で、大学教授のなかにも謙虚な人はいます。自分の担当教授も謙虚な人だったとか、下に優しくしたほうがみなから好かれるということがよくわかっている人だと思います。とはいえ、計算の上で謙虚に振る舞っているとしたら、やはり肩書に依存して生きているという点では変わらないかもしれません。

私から見て、生き方がかっこいいなと思うのは、養老孟司さんです。養老さんは東京大学の教授を途中で辞めて、その後、ご自身が熱中する昆虫の採集や展覧会の開催などをやられています。世俗から適度に距離を置き、好きなことに熱中する理想的な生き方だと思います。

時間を忘れるくらい熱中するものを見つける

私は、映画の制作現場の雰囲気が好きで、本格的に撮るようになりました。多くの人が映画監督はかっこいい職業のように思っていますが、実際は過酷です。もちろん、高い予算が確保されている映画は違うかもしれませんが、低予算映画の場合、監督は映画制作に関するあらゆる仕事を請け負うことになります。荷物運びの手伝いもしますし、セットの組み立ても行います。工事現場の監督でも組み立てのような作業に直接携わることはありませんが、映画監督はすべてやる必要があります。

正直、私は肉体労働があまり好きではないのですが、そんな私が朝7時から夜の10時まで働き続けられる魅力が映画制作にはあるのです。

これまで5本の映画を撮りましたが、それらの撮影中、ゆったりと腰をかけられるディレクターズチェアに座ったことは一度もありません。それぐらい現場を走り回っていました。撮影はとても大変だったのですが、キャストとスタッフ全員で一つのものをつくりあげることには、言葉では言い表せない充実感がありました。

みなさんにも、何か一つくらいは、自分が大好きでつい熱中してしまうものがあるはずです。何かに夢中になって、勝ち負けの意識による焦りや不安などを忘れることができるのであれば、その人は幸せだと思います。

いくら立派な肩書があったとしても、その肩書を維持するためにストレスフルになるのであれば、幸せとは言えませんし、仕事そのものが面白くなくなってしまいます。

早いうちから
人に教わる習慣をつけておく

定年間近の年齢になると、男性の場合は特に、何か新しいことをはじめるのが非常に億劫《おっくう》になります。とりわけ、仕事一筋で会社員生活を送ってきた人に表れやすい傾向です。

面倒に感じる理由の一つとして、誰かに習ったり、教わったりしなければならない煩《わずら》わしさがあります。教わる内容にもよりますが、自分より若い人から教えてもらうケースだと、余計モチベーションが低下する傾向があります。

そうなってしまうと、何もしない状態で時間だけが過ぎてしまうことになります。ただ何もやらずに時間をボーッと過ごすことは、認知症の発症につながります。残念なことに、プライドだけは認知症になっても保たれることが少なくないので、さらに意固地になってしまうという悪循環に陥ります。

こうしたケースを避けるためには、教わる習慣を定年前から身につけておくことが大切だと私は考えています。

その点、周囲を気にせずに自分の好きなことを楽しんでいる人は、若い人たちを遠ざけたり、若者の考え方を否定したりしません。知りたいことや興味のあることは、積極的に若い人から教わろうとします。私も映画を撮る際は、20代のスタッフにあれこれ教えてもらいました。

このような積極的な人に共通しているのが、「この年で他人に教えてもらうのは恥ずかしい」とか「こんなもの覚える必要がない」という頑固さがないこと。こういった習慣を身につけておくと、認知症の進行の緩和にもつながります。

自分が熱中するものであれば、プライドなんてどうでもよくなります。そうすると、より洗練された知識を身につけるために、若い人に教えを乞うことも苦にならなくなり、自らいろいろなところに学びに行くでしょう。他人からどう思われようが、楽しくて時を忘れてしまうようなことに取り組みましょう。

好きなこと、興味があることを、とりあえずはじめる

年齢を重ねれば重ねるほど、誰かから与えられた価値観や世間の基準に沿って生きることがストレスになるというのが私の考えです。

とは言っても、世間体に縛られず、自由にラクに生きるのは難しいと考える人も多いかもしれません。そういう人は、自分の人生の選択肢をたくさん持つことからはじめてみてはどうでしょうか。

私は精神科医でありながら、同時に映画づくりや文筆業にも取り組んでいます。これらは年を取っても現役でやり続けられる仕事なので、60歳になった今でも続けられています。

現在は、たまたま縁があって国際医療福祉大学の心理学科の教授を務めていますが、私にとっては、映画づくりと、書きたいものを書き続けることこそが本望で、本当にやりたいことなのです。そのため、いつ自分が大学をクビになってもいいと思っています。

こう言えるのも、私が大学教授だけで収入を支えているわけではないということもあるかもしれません。また、万が一、舌禍事件を起こして、書籍を書くという手段がなくなったとしても、今はブログやインスタグラム、ＹｏｕＴｕｂｅなどを通して、なんでも発信できる時代です。つまり、好きなこと、取り組んでいることが多ければ多いほど、何かに依存することなく、自由に生きられます。

これはみなさんも同じです。


「ラーメン巡りが好きなら、食べたラーメンをＹｏｕＴｕｂｅで発信する」

「鉄道オタクなら、日本全国の路線を制覇する」

「社会に対して思うことがあるならば、ブログで書いてみる」

「アイドルが好きなら、周囲の目を気にせずに追っかけをやる」

「漫画や映画が好きなら、レビューブログを開設してみる」

「ゲームが好きなら、オンラインゲームで友人をつくってみる」

「昔、絵を描くのが好きだったから、再びはじめてみる」

あなたが興味があること、面白いと思うことであれば、なんだっていいのです。

それでもやりたいことが見つからなかったとしても構いません。そんなときは、とりあえず外に出て散策してみるのもいいでしょう。「犬も歩けば棒にあたる」ではありませんが、新しい世界が見えてくるはずです。

世間の「高齢者像」は無視して、あなたの主観を大切に

高齢者と若い人の一番の違いは、「個人差」だと私は思っています。

たとえば、100メートル走をすると、若い頃であれば一番速い人でもオリンピックのレベルでない限り十数秒はかかるでしょうし、どんなに遅い人でも、足に障害がない限りは30秒ぐらいで走るはずです。しかし、70歳、80歳になってくると、まだ100メートルを20秒以内で走れる人がいる一方で、歩くことさえできない寝たきりの人もいます。

知能も同じです。

たとえば、東大に行くような人でもIQベースでいえば、せいぜい120とか130

です。しかし、どの高校にも入れないような子どもでも、IQベースで60、70ぐらいはあります。ところが、高齢者には、若い人よりもずっと賢い学者もいれば、認知症で人の顔もわからなければ、字も読めなくなってしまう人もいる。つまり、年を取れば取るほど、できること、できないことの個人差が大きくなるのです。

そう考えると、高齢者の健康、幸せ、趣味、認知症の症状……そのどれもが人によって異なり、「高齢者」として一つに括ることは不可能だということがわかると思います。

そうした実態があるにもかかわらず、世の中が決めた「高齢者像」に従うことはバカバカしいことこの上ありません。大切なのはあなたの主観です。誰にも、どんな基準にも合わせる必要はないのです。

心をラクにして生きるための5つのポイント

これまで、私が考える「心をラクにして生きる方法」について述べてきましたが、要点をまとめると次の5つになると思います。

◇第一に、私たちが抱いている老後に対する不安は、そのほとんどが幻想です。にもかかわらずあれこれ思い悩むことは、貴重な時間を失うことになります。脳が感じられる容量は限られています。あなたが楽しいと思うこと、好きなことに取り組むことで、不安を感じなくなるでしょう。

◇第二に、一人ひとりの人生があるように、老後も一人ひとりの老後があります。
私は、たくさんの高齢者を見てきましたが、一人として同じ老いの人生を歩んでいる人はいませんでした。アルツハイマー型認知症についても同様です。私たちは脳というものを、誰もが同じように成長し、同じような能力を発揮できると考えがちですが、実際は違います。人それぞれ顔が違うように、脳にも個性があるのです。

だからこそ、世間の「高齢者像」なるものに惑わされることはありません。あなたの主観に従えばいいのです。

◇第三に、認知症を恐れないこと、そして身体の変化に気づいても、そのときにあなたができることにフォーカスすることです。

ボケがはじまっても、脳にはまだまだ活用できる機能が残されています。早めに適切な治療を受けることで、その進行をある程度、遅らせることもできます。

ところが、ボケを蔑視したり、無用な恐れを抱いたりしていると、自分が認知症とわかったときに、「できなくなること」だけを思い浮かべてしまいます。

「一人で外出もできない」
「家事ができなくなる」
「約束もすることができない」
「食事も一人で食べられなくなる」

そういったネガティブな考え方だと、家にひきこもってしまいかねません。これでは、せっかく残っている脳の残存能力も活用されなくなるので、脳の老化がさらに進んでしまうことになります。

ボケても元気な人や朗らかな人は、自分のできることに目を向けています。そして、できることを楽しんでいる人なのです。

「お化けは出てから怖がる」ではありませんが、存在しない、見えないものを怖がったり、不安がったりすることを、まず、やめるという心がけが必要でしょう。

◇第四に、肩書や地位といった俗なるものと適度な距離を取ることです。
老後が不安だからといって、今までと同じように社会的な地位や権威にしがみついていたら、不安は一生つきまとうことになります。

定年という形で、世間の価値観とおさらばできるのであれば、この機会を使わない手はありません。いつまでも旧来の常識を気にしているような人たちを尻目に、あなたが真の充実感を得られるものを見つけてください。

◇第五に、自分が本当に熱中できるものに取り組むことです。焦ることはありません。周囲の目を気にせず、あなたの心の声に従って、自分が本当にやりたいことをはじめてみてください。なにも、大きな夢や目標でなくていいのです。小さな楽しみをコツコツ増やしていきながら、充実感に満ちた、幸福な老後を送ってください。

成城学園駅のおじさんに見た小さな幸せの形

私は、「人生いろいろ」というのはいい言葉だと思っています。人にはいろいろな人生観があり、幸せがあります。貧しい生活をしていても、幸せだと感じる人は世の中にいっぱいいいます。しかし、社会的な地位にこだわっている人や、他人がつくった価値観を真実だと思い込んでいる人は、「小さな幸せ」を否定しがちです。

最後に、私が印象に残っているエピソードを一つ、紹介します。

何十年も前になりますが、私が成城学園駅でどこかに飲みに行こうとしていた際、40代後半ぐらいの太った男性を見かけました。身なりはしっかりしていたので、成城の戸建てに住めるほどの社会的地位をもった人だったのだと思います。

なぜ、印象に残っているかといえば、その男性が駅の近くのコンビニエンスストアから出てきて、とても幸せそうな顔をしてソフトクリームを舐めていたからです。

これはあくまでも私の想像ですが、太っているのに甘いものを食べると、奥さんに叱られるのでしょう。

しかし、地位も高いであろうその人は、口の周りをソフトクリームでベタベタにしながら、本当にうれしそうに食べているのです。そして、玄関に着く前には、また身なりを正して、何事もなかったかのように帰宅するのでしょう。

私は当時、その姿を見て率直に、「かわいそうだな」「奥さんが厳しいのかな」「こんなもんで楽しまなきゃいけないのかな」と思ったものです。

しかし、今、考えてみると「あの人は幸せだったんだな」と思います。

駅から自宅に帰るまでのひととき、あの男性は小さな幸せを噛み締めていたのでしょう。ほんの短い至福の時間ですが、人生においては、その瞬間こそが重要なのだと思います。そういう喜びを見出せる人は、どんなに社会的な地位がある偉い人よりも、幸せな一生を送ることができると思います。

おわりに

最後までおつき合いいただき、ありがとうございます。

高齢者と長年向き合い、その個人差を見るにつけ、高齢者というのは本当にわからないものだなというのが著者の実感です。

前期高齢者、後期高齢者といった年齢による形式的な区別よりも、「老いと戦う」フェーズから「老いを受け入れる」フェーズへの移行が大切だと私は感じています。

男性ホルモンの補充やさまざまなアンチエイジング、とりわけ前頭葉の老化予防などで老いと戦える間は戦い、なるべく若々しく生きる時期はあっていいですし、それが長いに越したことはありません。

ただ、これにも個人差があります。90歳近くまで老いと戦える人もいれば、70歳前後で老いを受け入れざるを得ない（若年性の認知症などは50代で直面する）人もいます。

一方、どんなに頑張っても寄る年波には勝てないことも事実です。

そこで大切になるのが、幸せは主観的なものと認識すること。

周囲からどんなに孤独で貧乏で不幸だと思われても、あるいはあんなに立派だった人がボケて不幸だと思われたとしても、自分が幸せと思えればいいのです。逆に財産をたっぷり残し、子どもたちも出世して幸福に見えても、本人がむなしかったり、過去を引きずって自分はみじめだと思ったりしていれば、それは不幸と言えます。

「ボケても幸せならいい」とか「最悪寝たきりになっても笑っていられればいい」といった、主観的な幸せを大切にする――。

こうしたマインドに切り替えて老いを上手に受け入れることは、人生の重要なテーマです。

本書は精神科医として、主観的に幸福だと思えるための情報をいくつか集めたつもりです。

「お金を残せず、高級な料理を食べる機会は現役時代に比べてすっかり減った。けれど、今、ラーメン屋巡りをしていても本当においしいし、片道2時間かけて、1時間の行列をしてもいいやと思えるようになった自分は、幸せだ――」

そんな幸せを大切にしてほしいのです。

本書を通じて高齢者の実態を知り、少しでも「前向きになれた」「幸せを感じられるようになった」と思っていただくのが、著者としての心からの願いです。

末筆になりますが、編集の労をとっていただいた朝日新書編集長の宇都宮健太朗さんと、田中仰さん、宇治川裕さんにこの場を借りて深謝いたします。

2021年3月

和田秀樹

和田秀樹 わだ・ひでき
1960年大阪府生まれ。東京大学医学部卒業。精神科医。国際医療福祉大学大学院教授。川崎幸病院精神科顧問。「和田秀樹こころと体のクリニック」院長。医学だけでなく受験・教育の論客でもあり、映画監督としても活躍。『この国の息苦しさの正体』『病院のやめどき』『自分が高齢になるということ』『六十代と七十代 心と体の整え方』など著書多数。

朝日新書
813

60代《だい》から心《こころ》と体《からだ》がラクになる生《い》き方《かた》

老いの不安を消し去るヒント

2021年4月30日第1刷発行
2022年12月20日第2刷発行

著　者　和田秀樹

発行者　三宮博信
カバーデザイン　アンスガー・フォルマー　田嶋佳子
印刷所　凸版印刷株式会社
発行所　朝日新聞出版
〒104-8011　東京都中央区築地5-3-2
電話　03-5541-8832（編集）
　　　03-5540-7793（販売）

Published in Japan by Asahi Shimbun Publications Inc.
ISBN 978-4-02-295117-5
定価はカバーに表示してあります。

落丁・乱丁の場合は弊社業務部(電話03-5540-7800)へご連絡ください。
送料弊社負担にてお取り替えいたします。

朝日新書

新版 財務3表一体理解法
國貞克則

シリーズ累計80万部突破、会計学習の「定番教科書」を再改訂。取引ごとに財務3表をつくる「会計ドリル」はそのままに、初学者を意識して会計の基本から読み解き方まで基礎重視の構成に再編成。読みやすさもアップ、全ビジネスパーソン必読！

新版 財務3表一体理解法 発展編
國貞克則

会計学習の定番教科書に『発展編』が新登場！『一体理解法』『図解分析法』の旧版から応用テーマを集めて再編成。会計ドリルを使った新会計基準の仕組み解説や「純資産の部」の徹底解明など、「一歩上」を目指すビジネスパーソンに最適！

新版 財務3表図解分析法
國貞克則

累計80万部突破、財務3表シリーズの『図解分析法』を改定。貸借対照表（BS）と損益計算書（PL）を1枚の図にして、同じ業界の同規模2社を比べれば経営のすべてが見えてくる！独自のキャッシュフロー（CS）分析で経営戦略も解明。

人を救えない国
安倍・菅政権で失われた経済を取り戻す
金子 勝

コロナ対策で、その脆弱さを露呈した日本財政。雪だるま式に膨れ上がった借金体質からの脱却、行き過ぎた新自由主義的政策・変質した資本主義からの転換、産業構造改革の必要性を説く著者が、未来に向けた経済政策の在り方を考える。

パンデミック以後
米中激突と日本の最終選択
エマニュエル・トッド

新型コロナは国家の衝突と分断を決定的なものにした。社会格差と宗教対立も深刻で、トランプ退場後もグローバルな地殻変動は続き、中国の覇権も勢いづく。日本はこの危機とどう向き合えばよいか。人類の大転換を現代最高の知性が読み解く。